Livre De Coloriage Pour Les Filles Âge 12

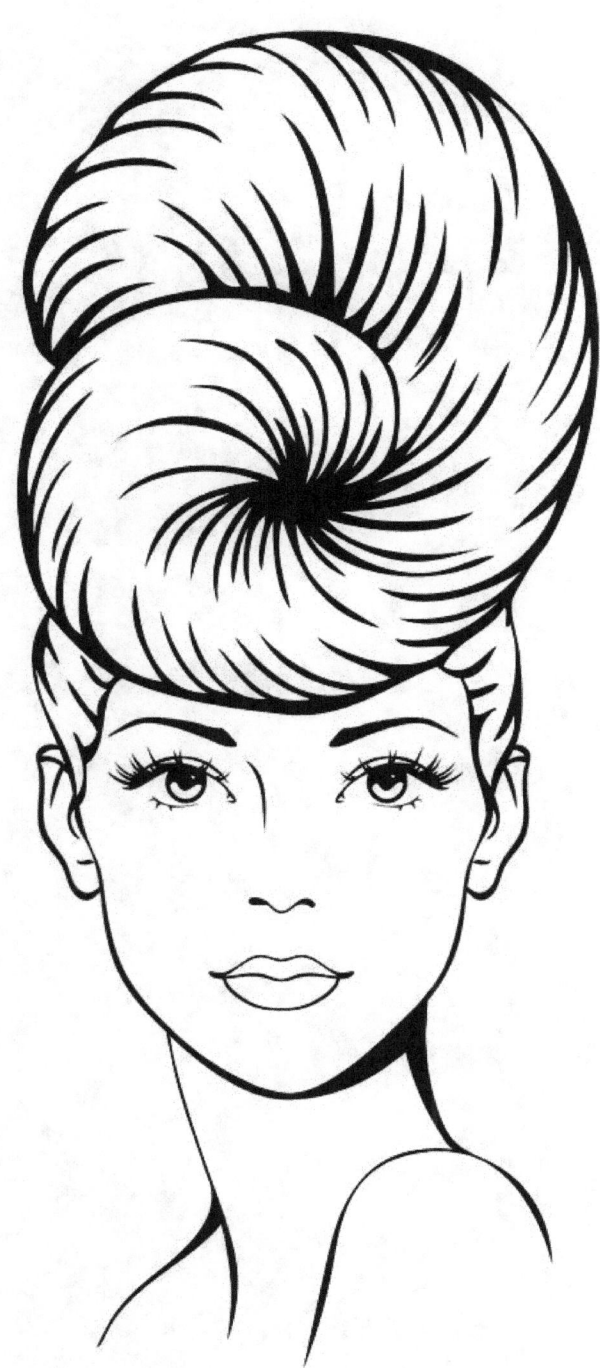

Droits d'auteur© 2020 Katrin Stark

TOUS LES DROITS SONT RÉSERVÉS

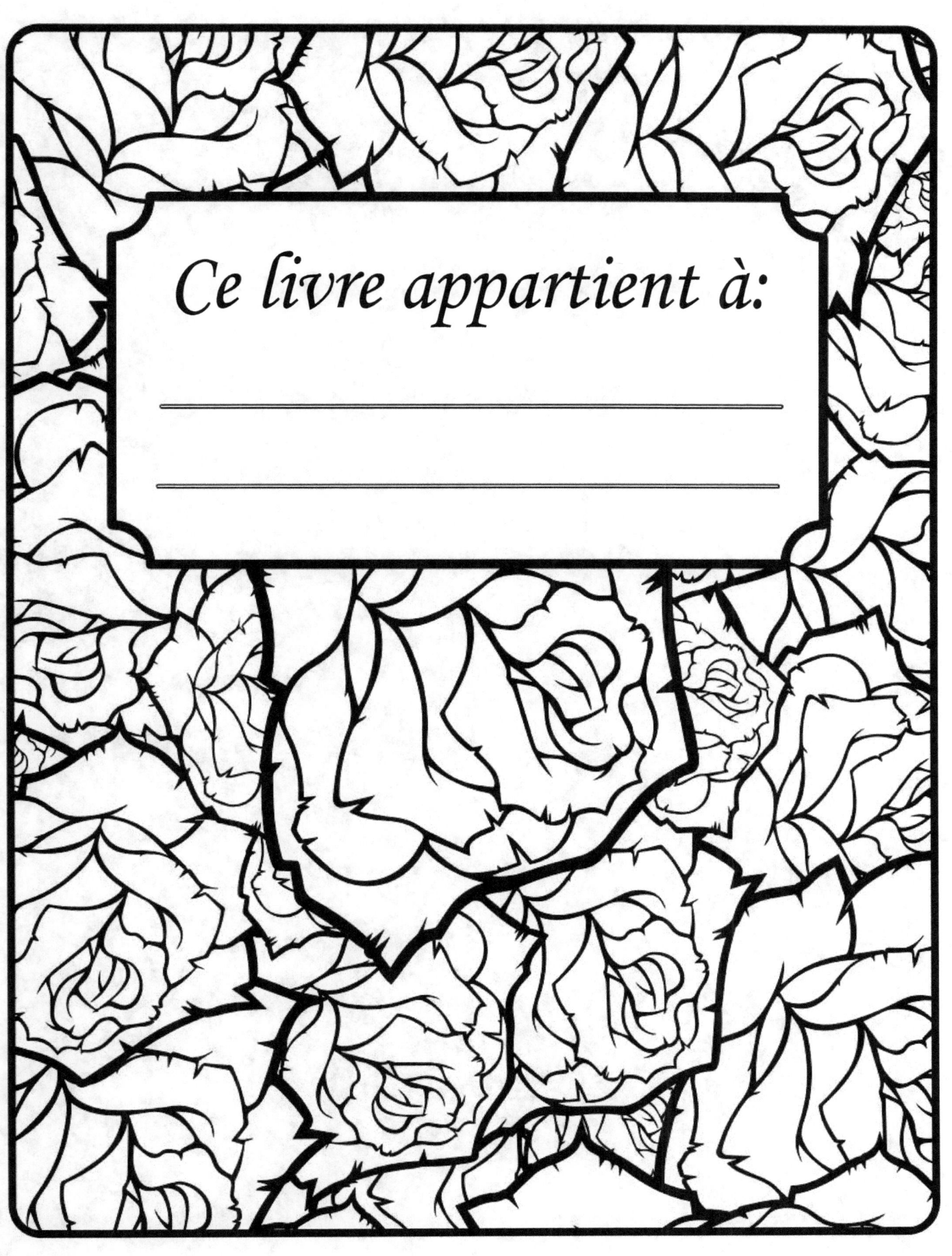

PAGE DE TEST DE COULEUR

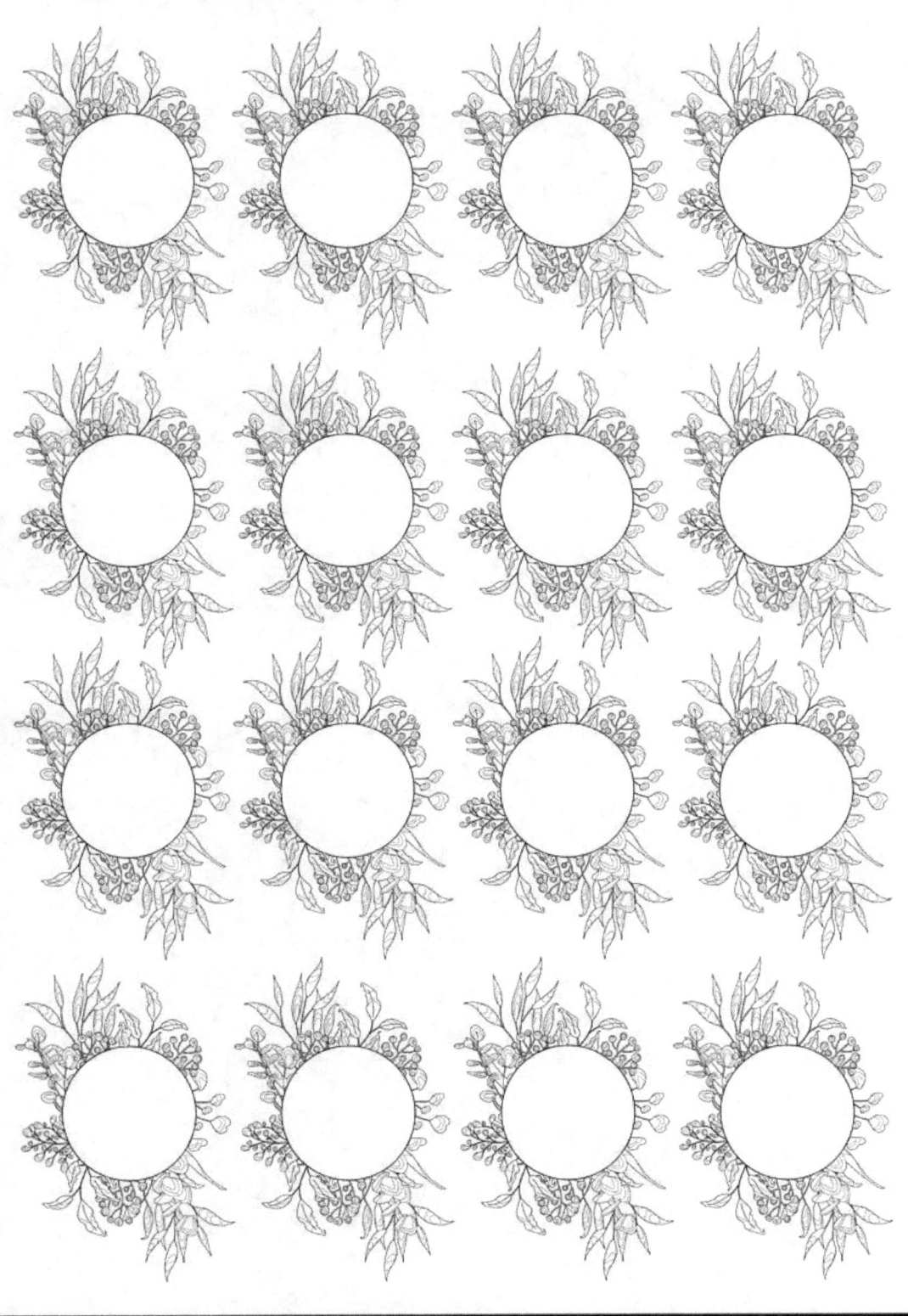

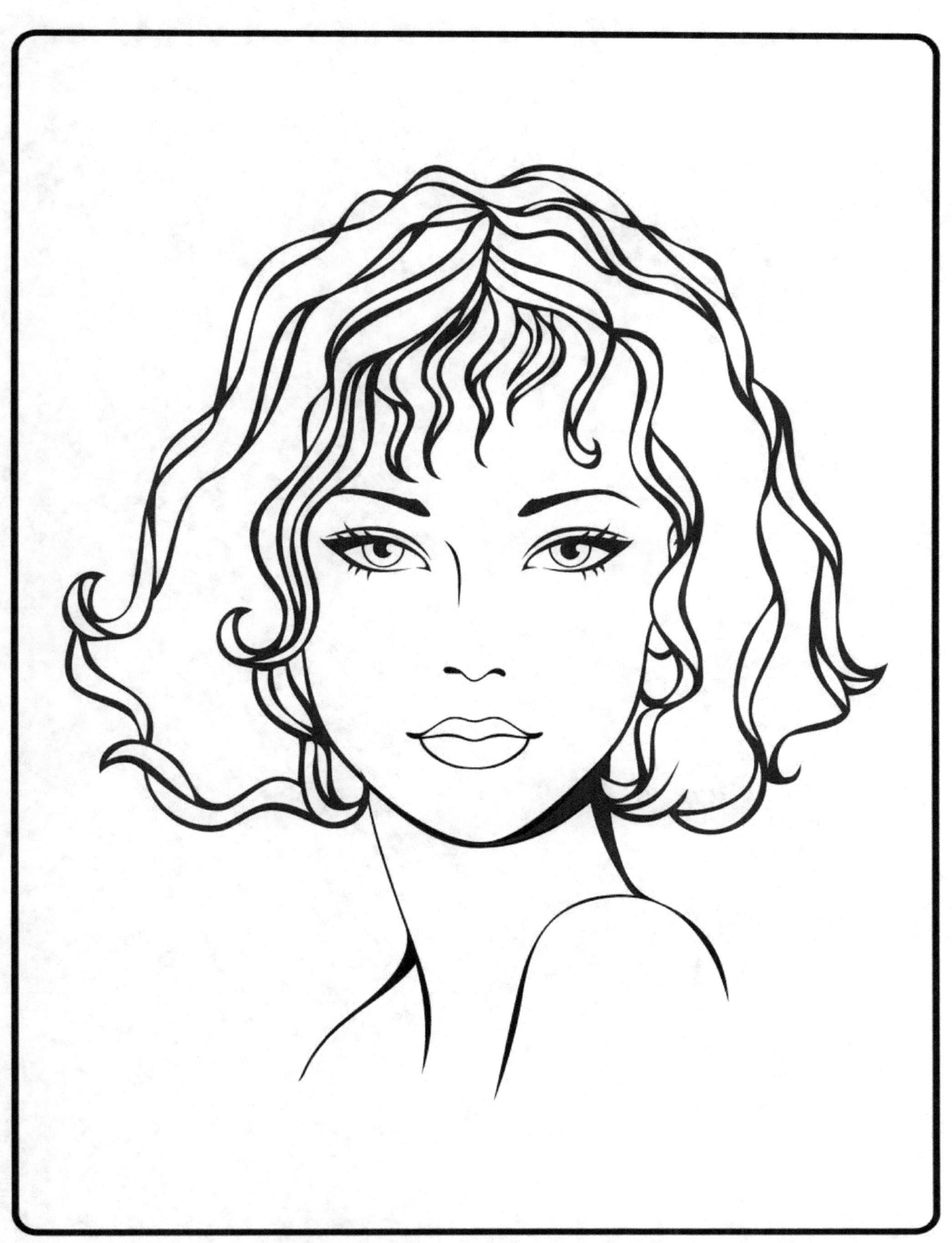

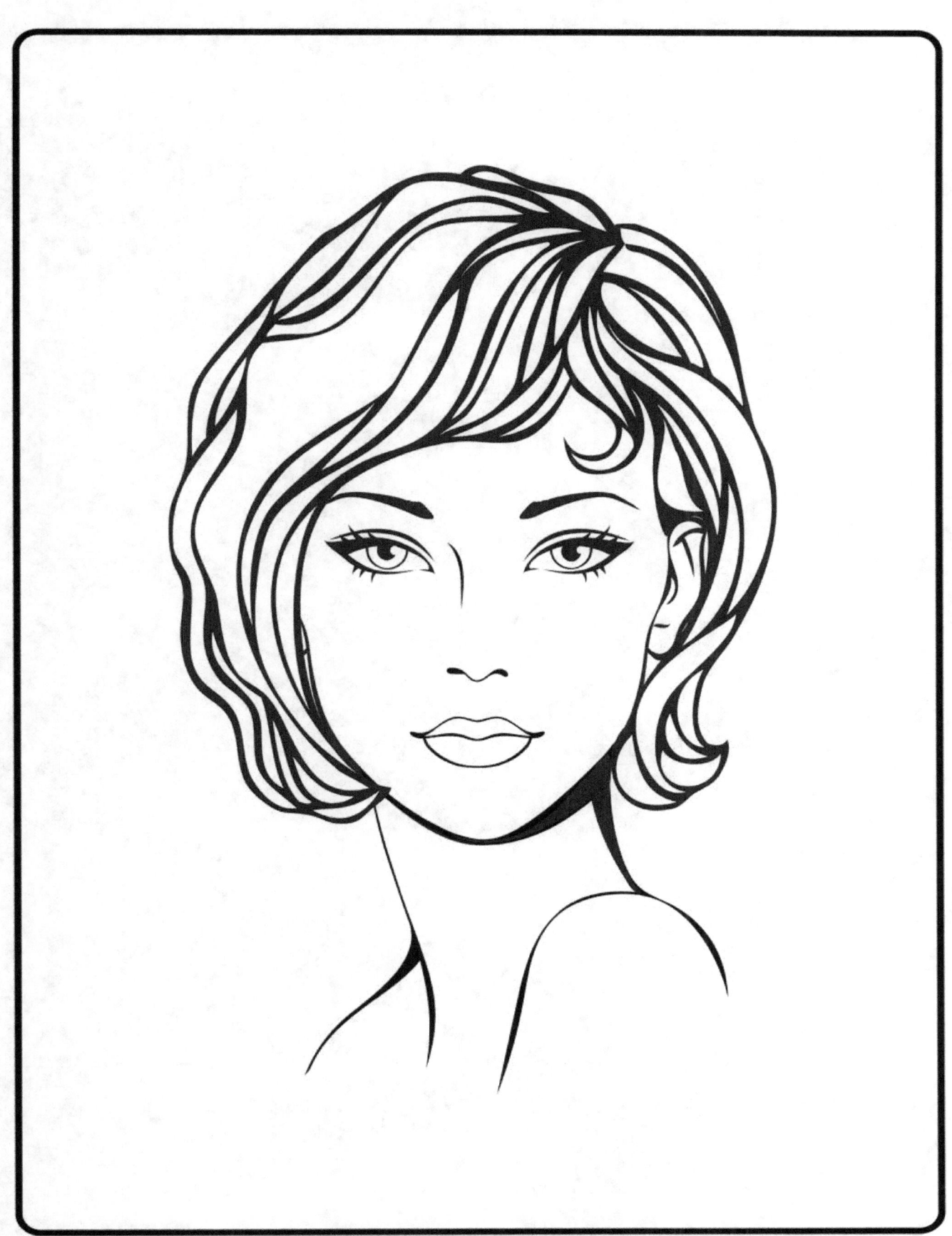

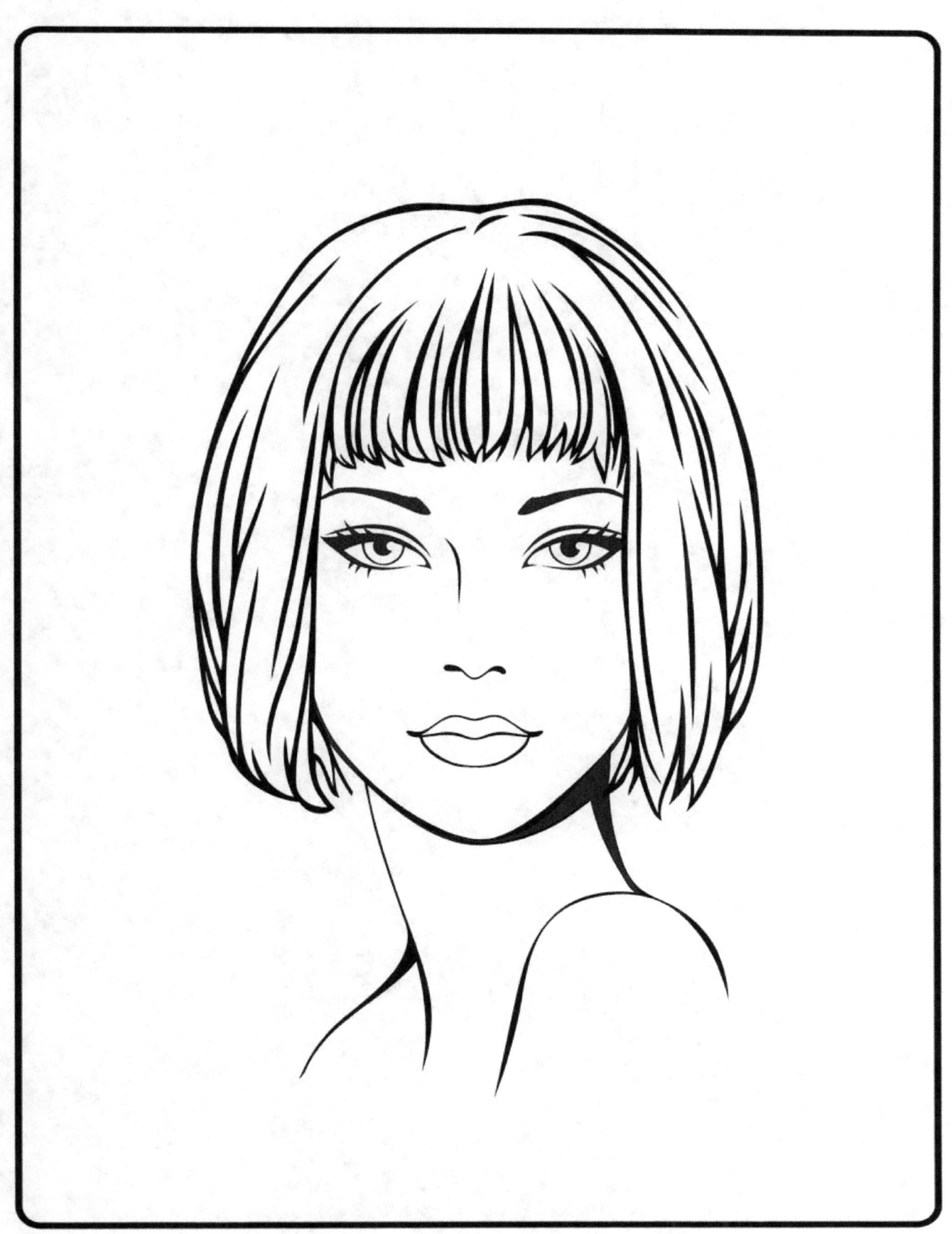

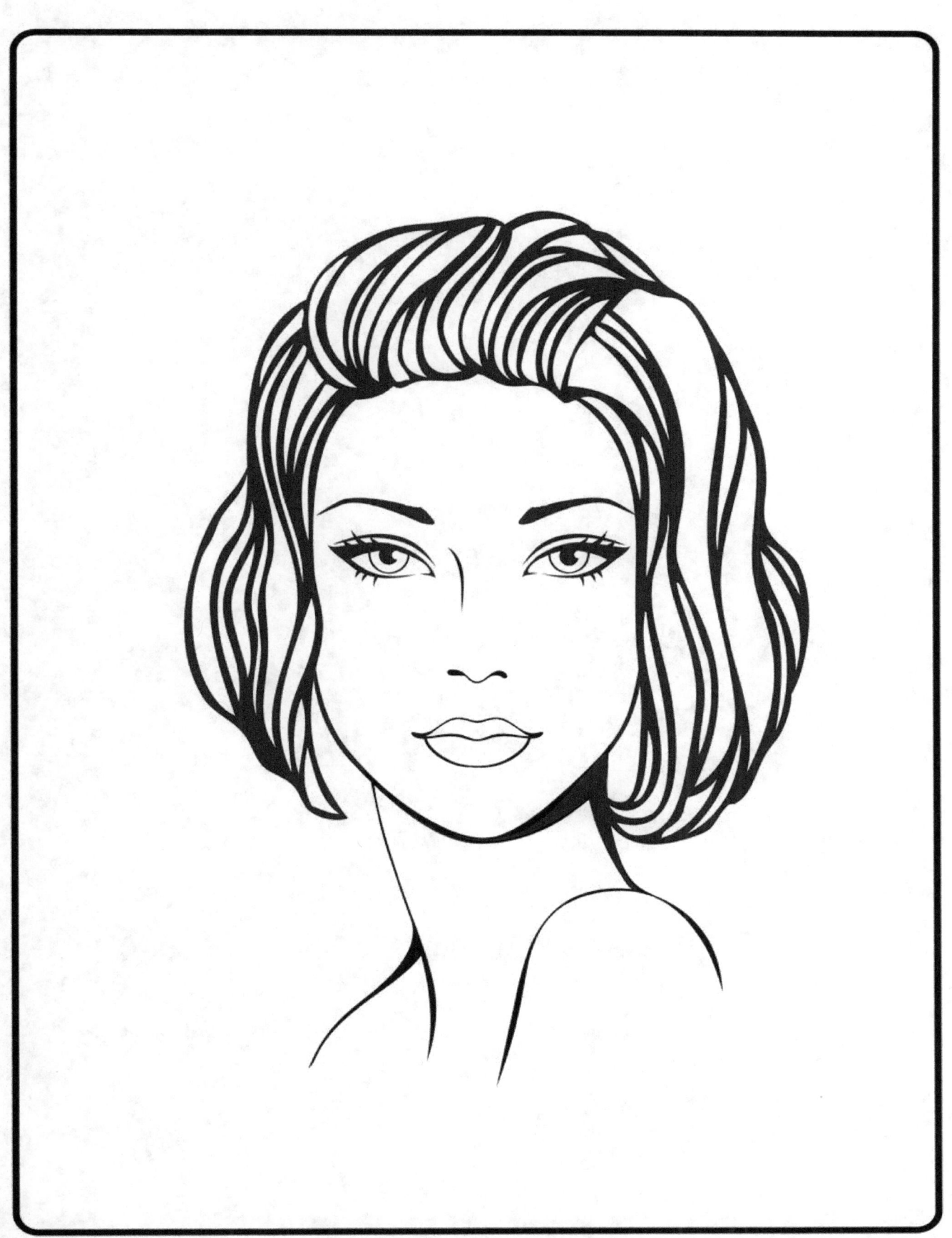

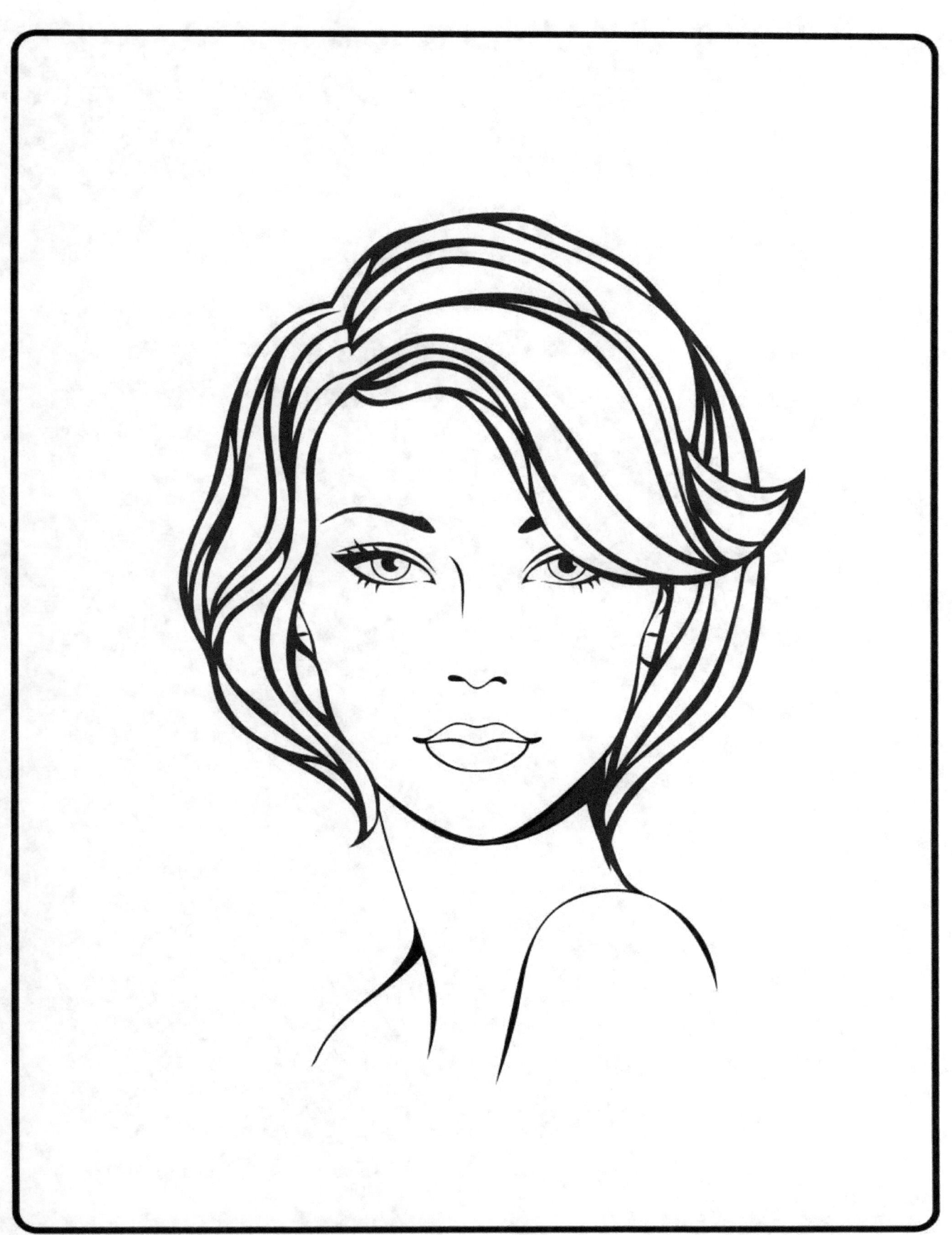

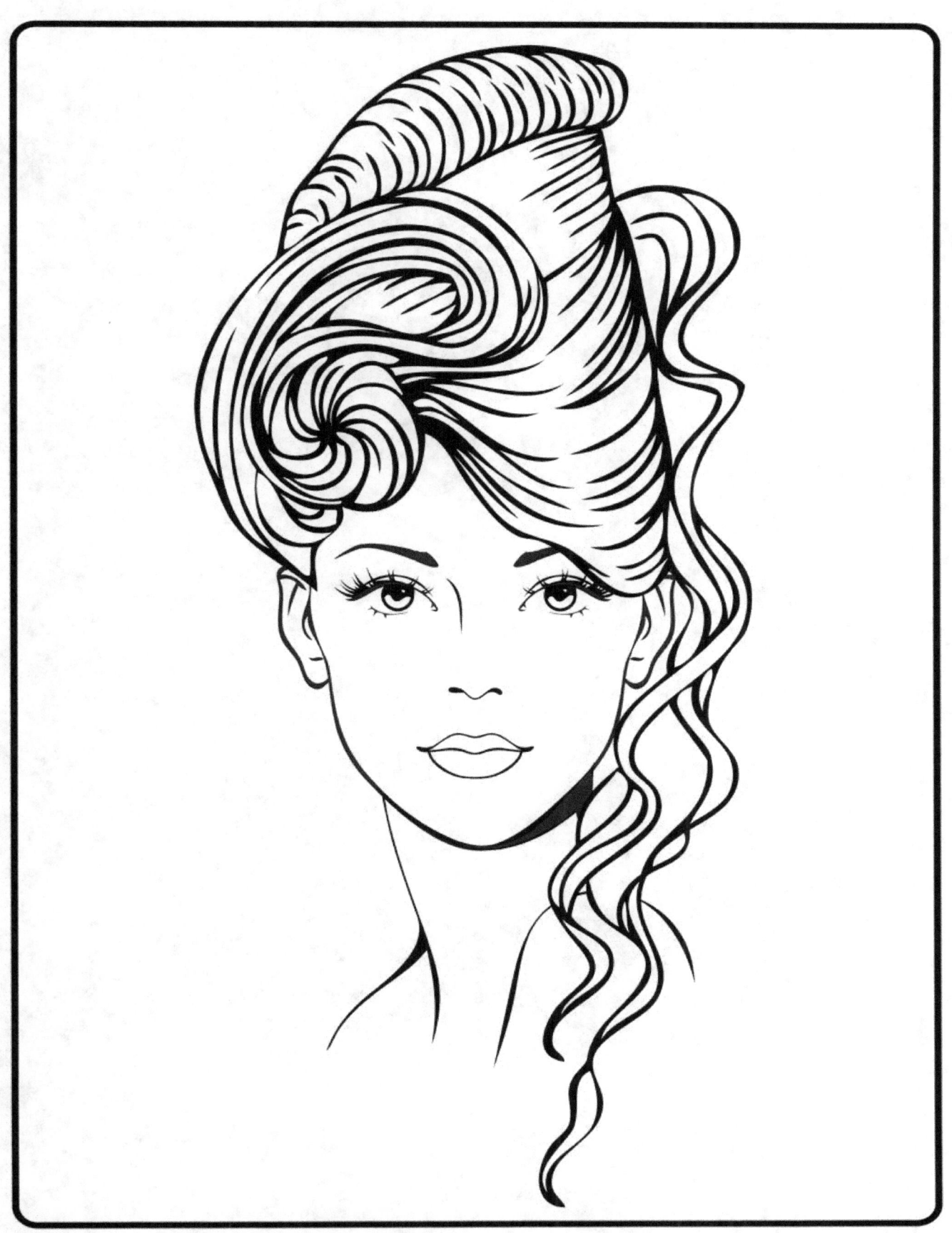

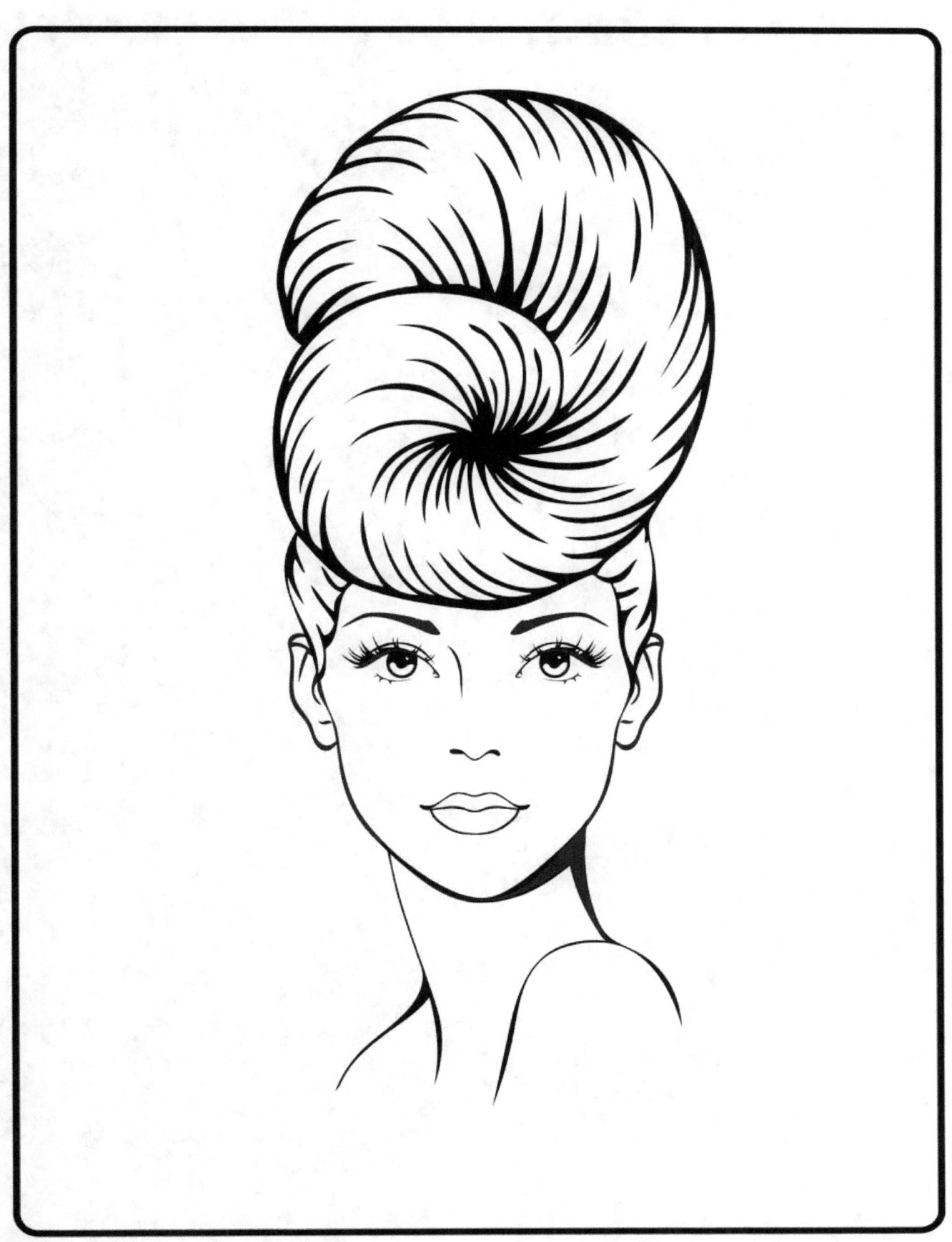

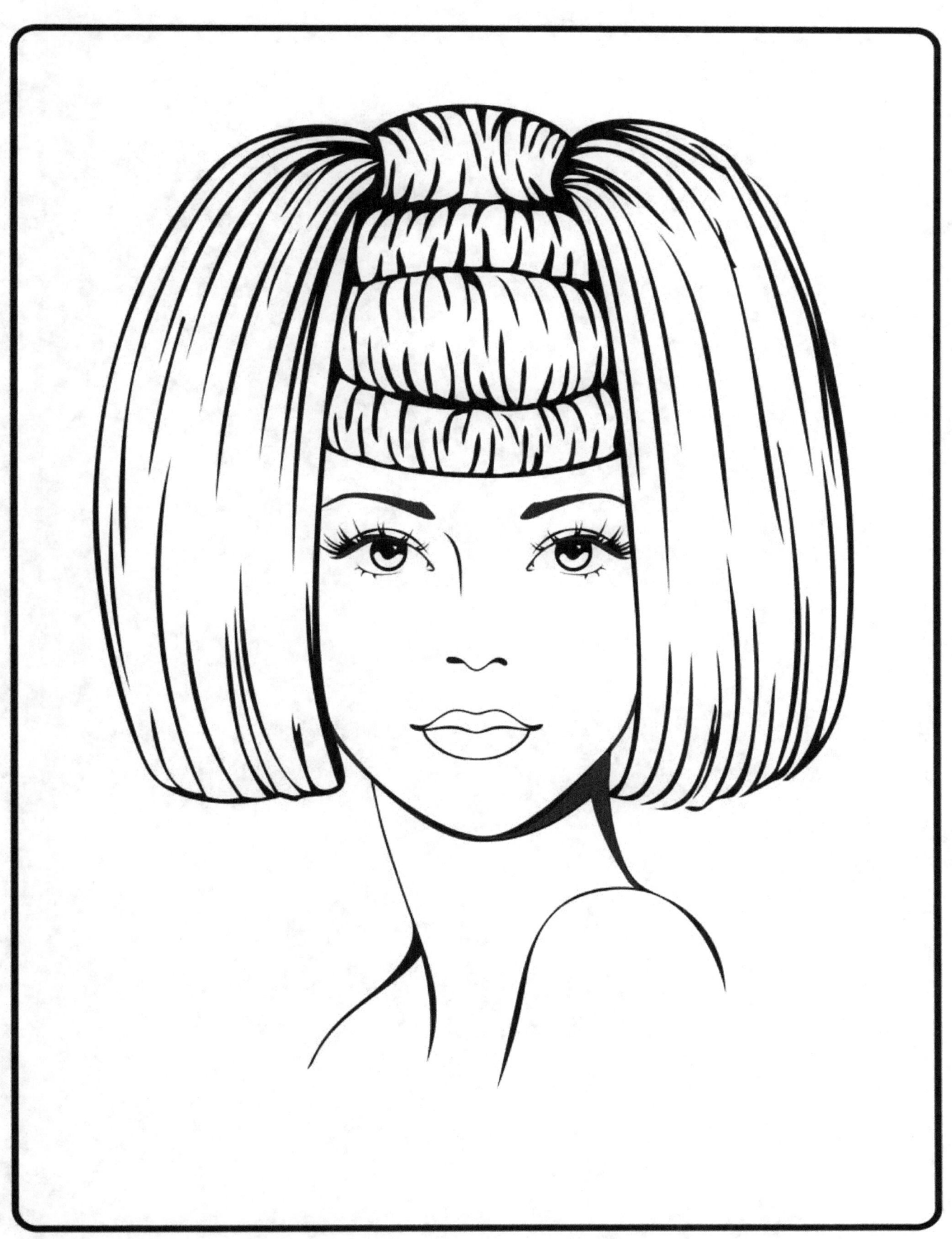

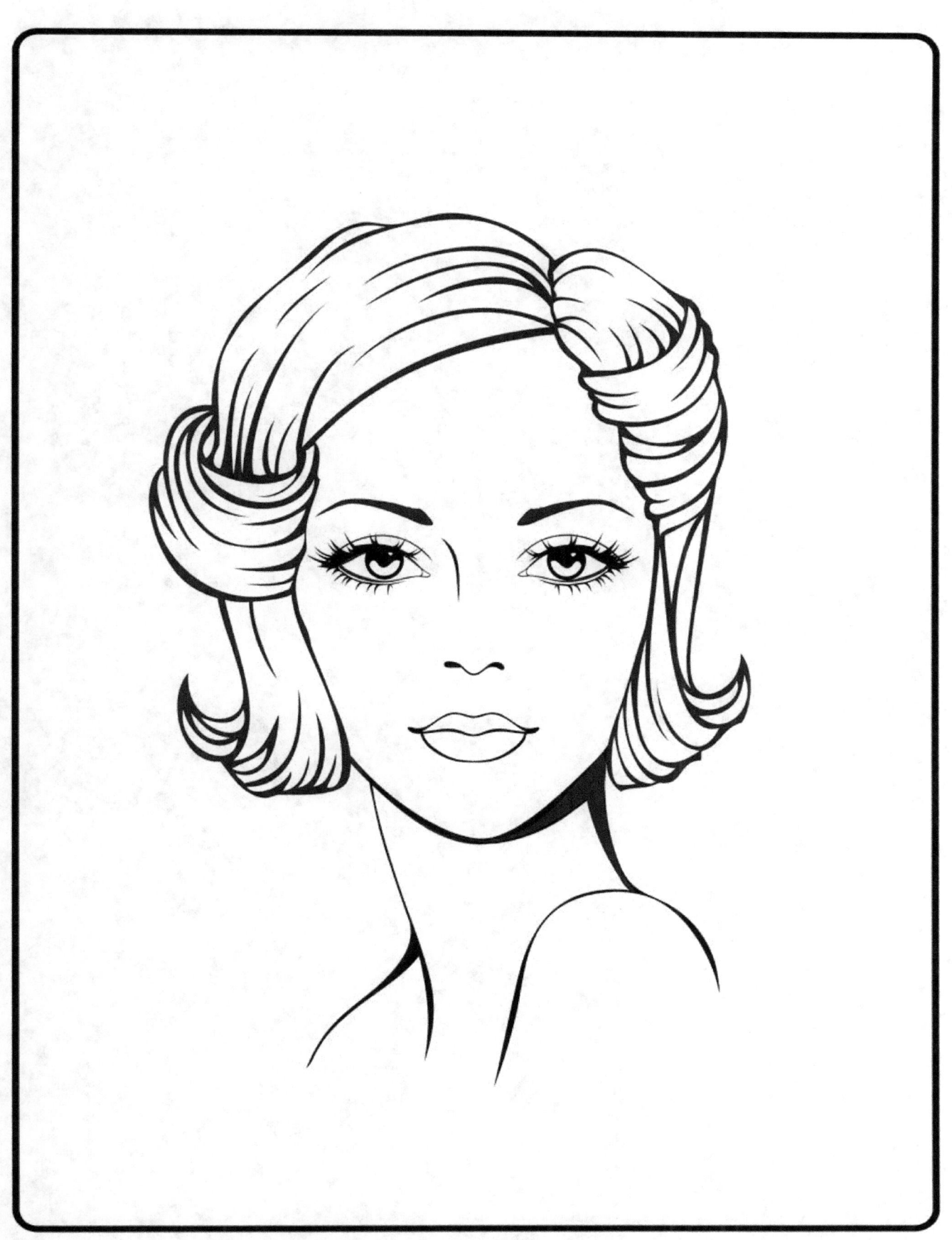

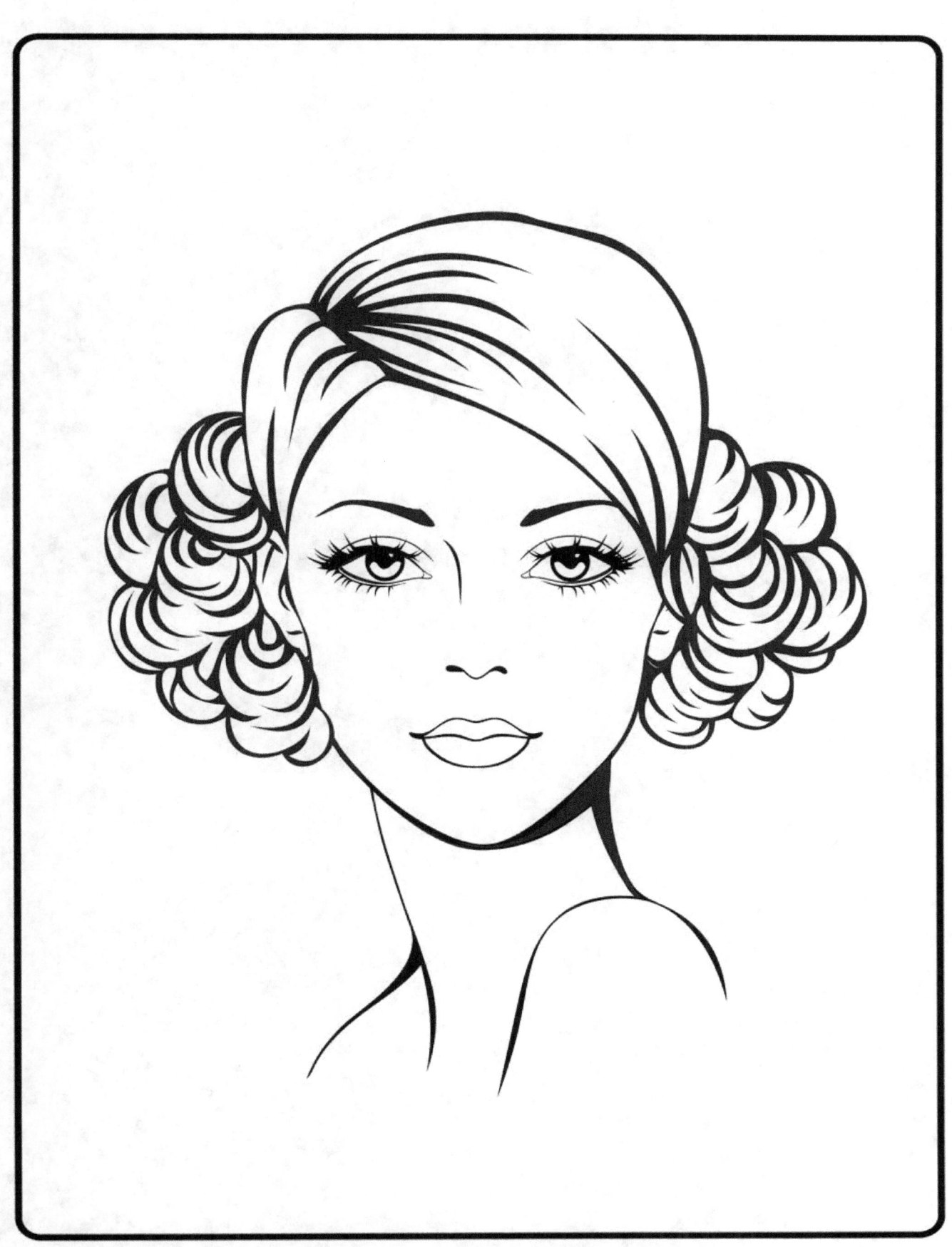

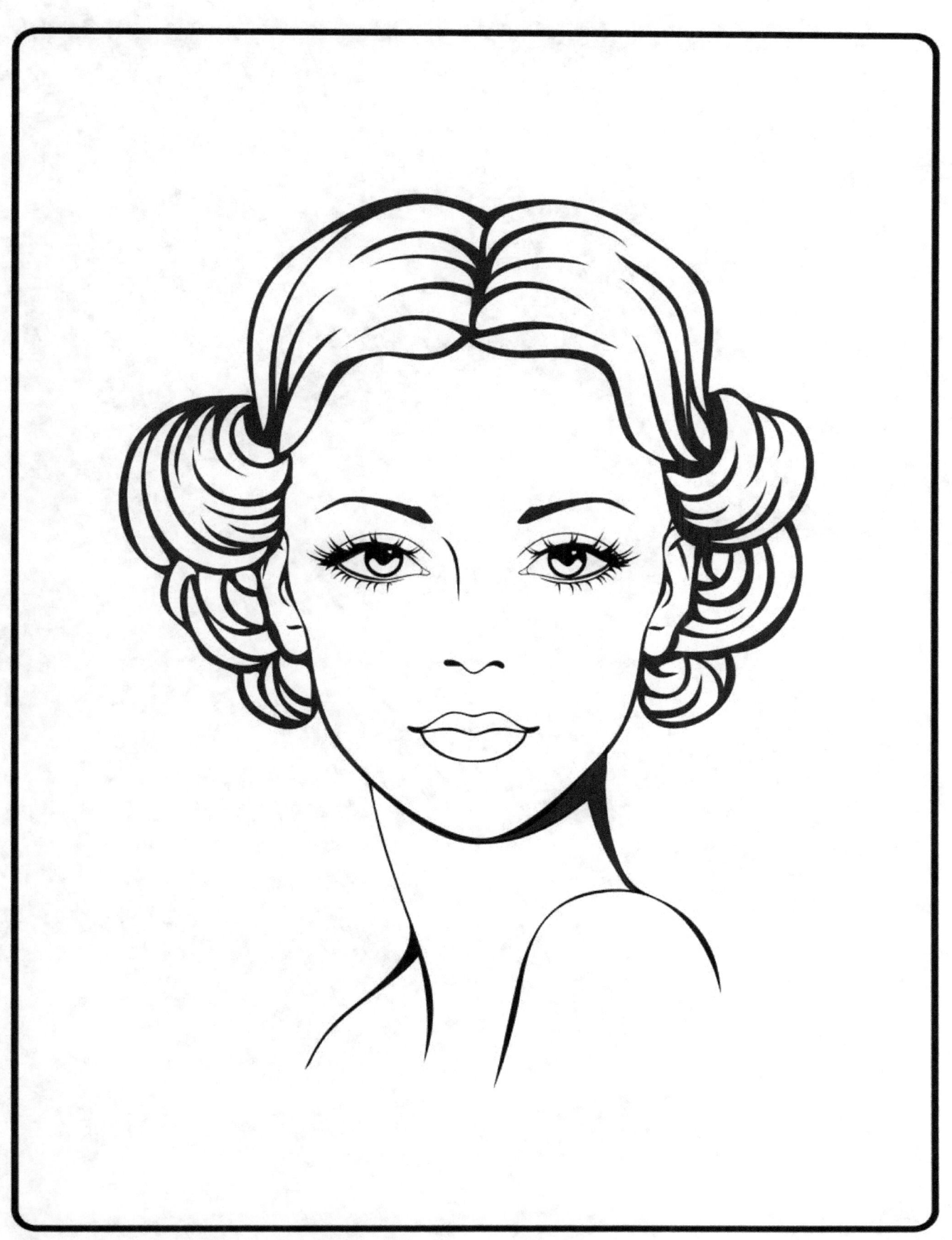

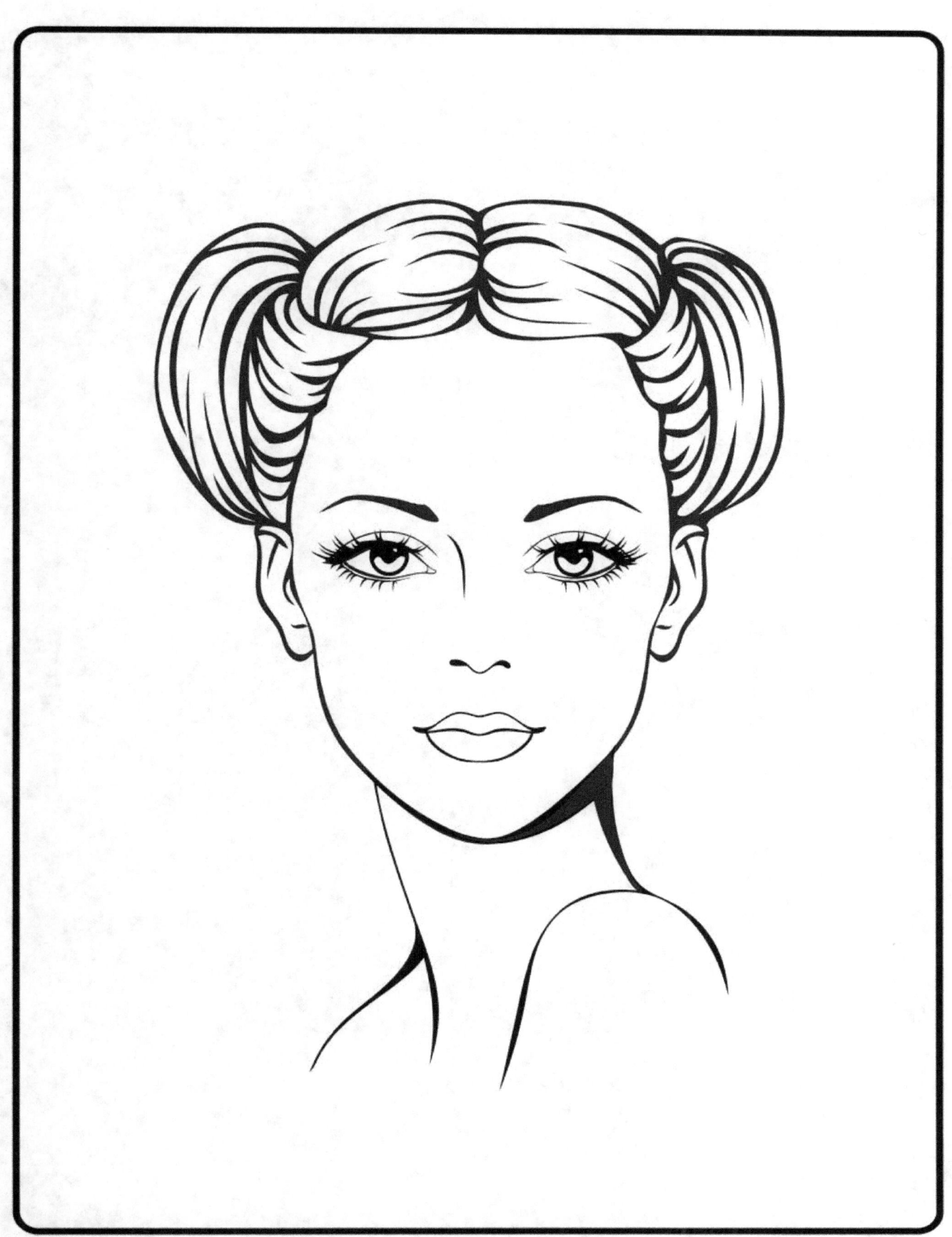

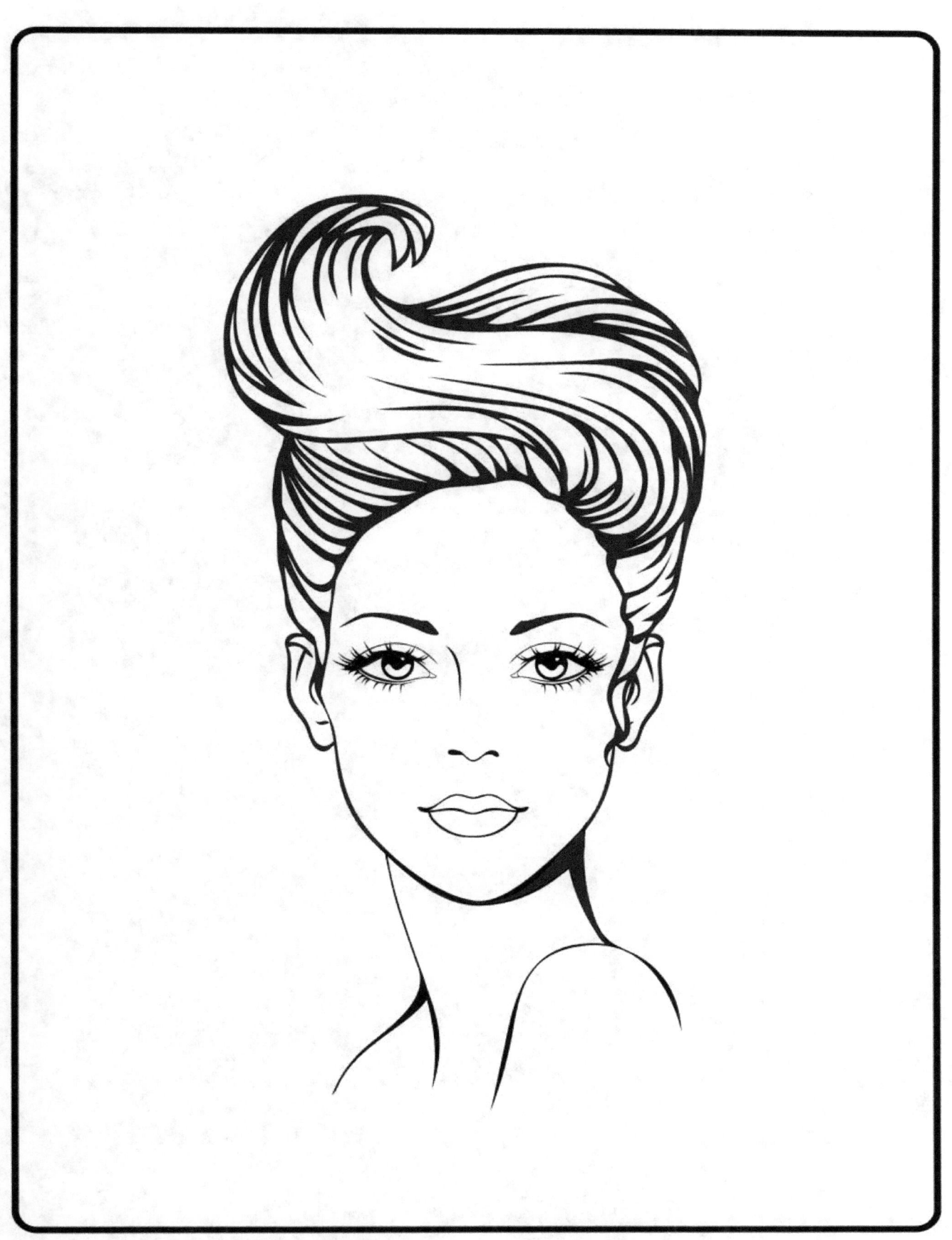

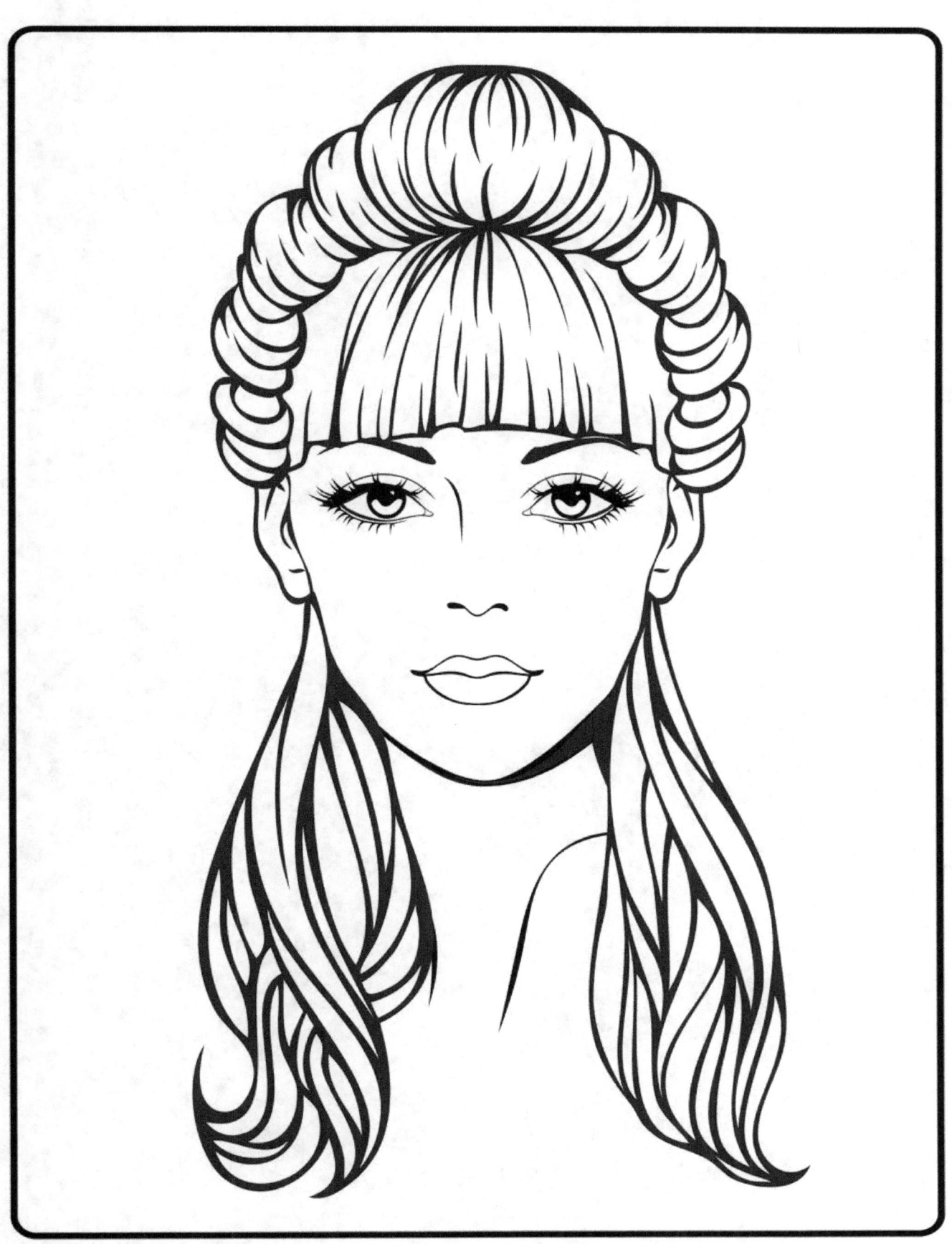

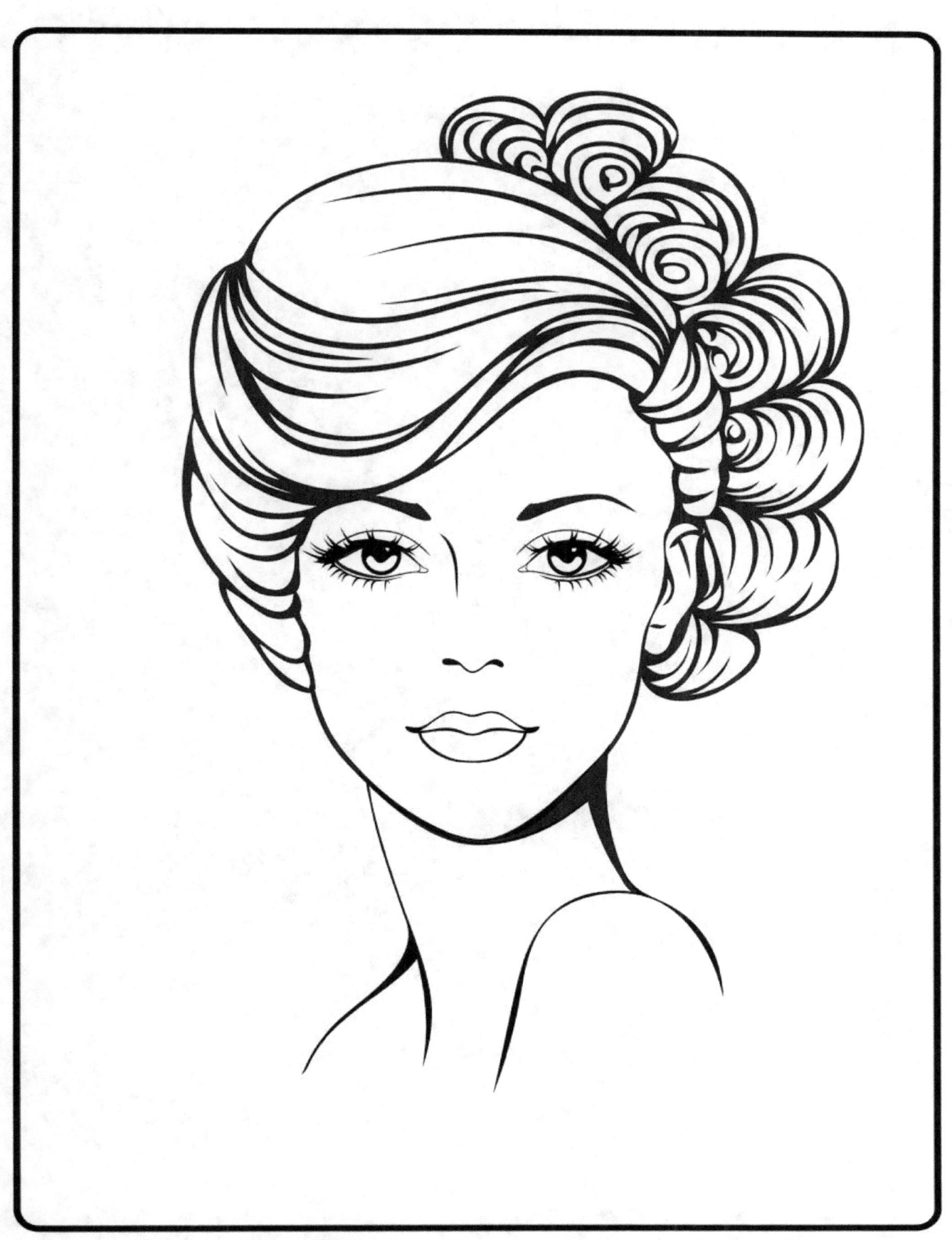

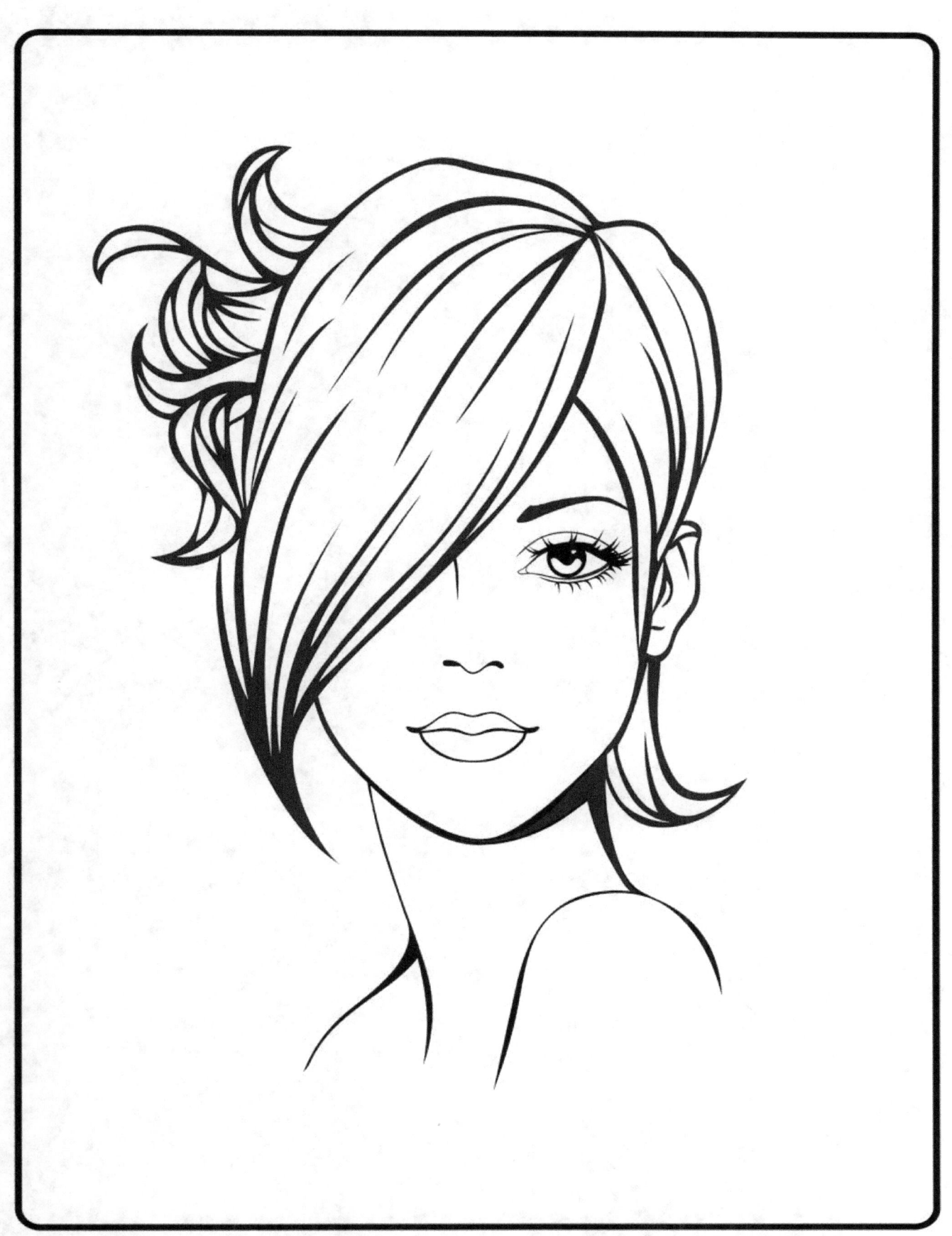

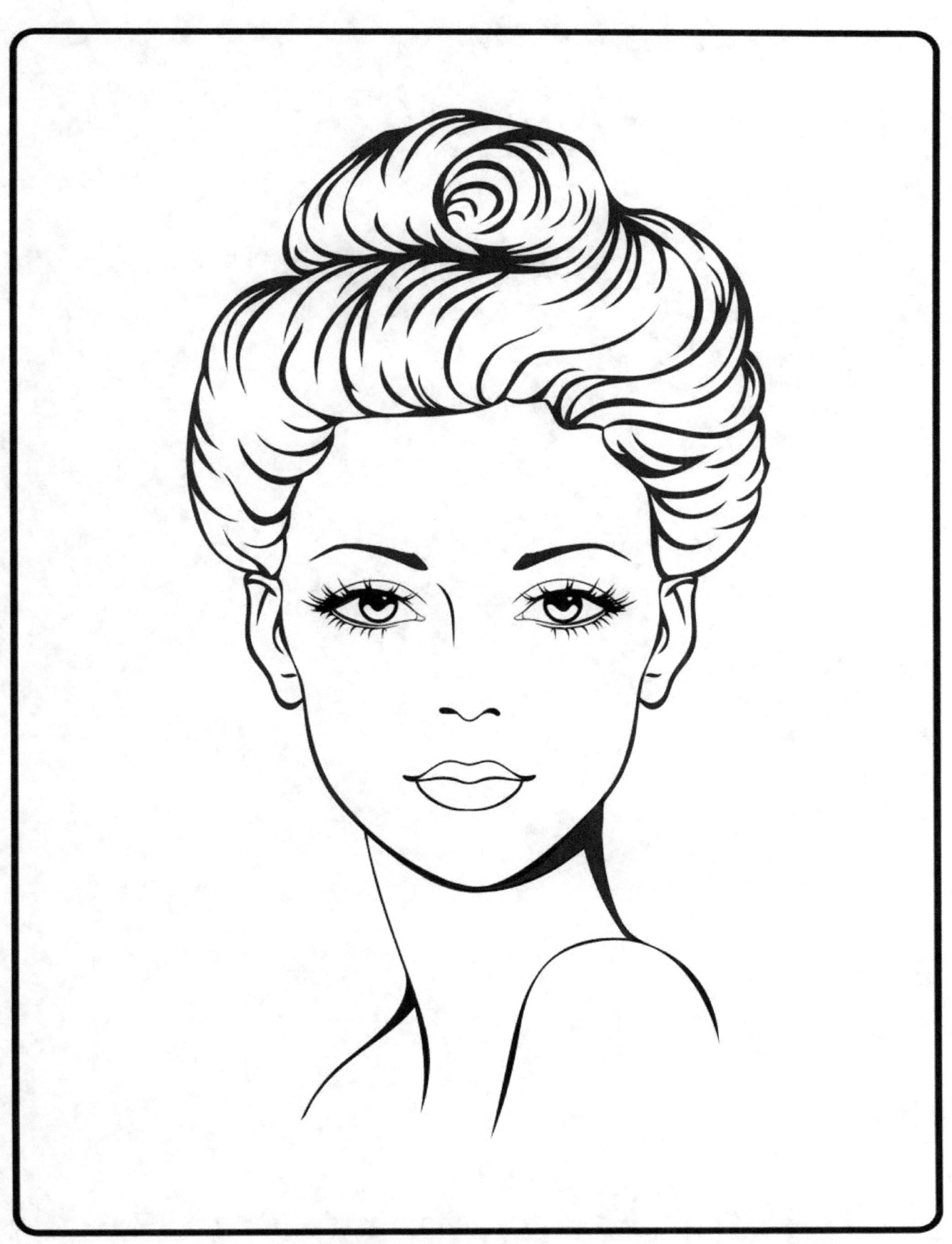

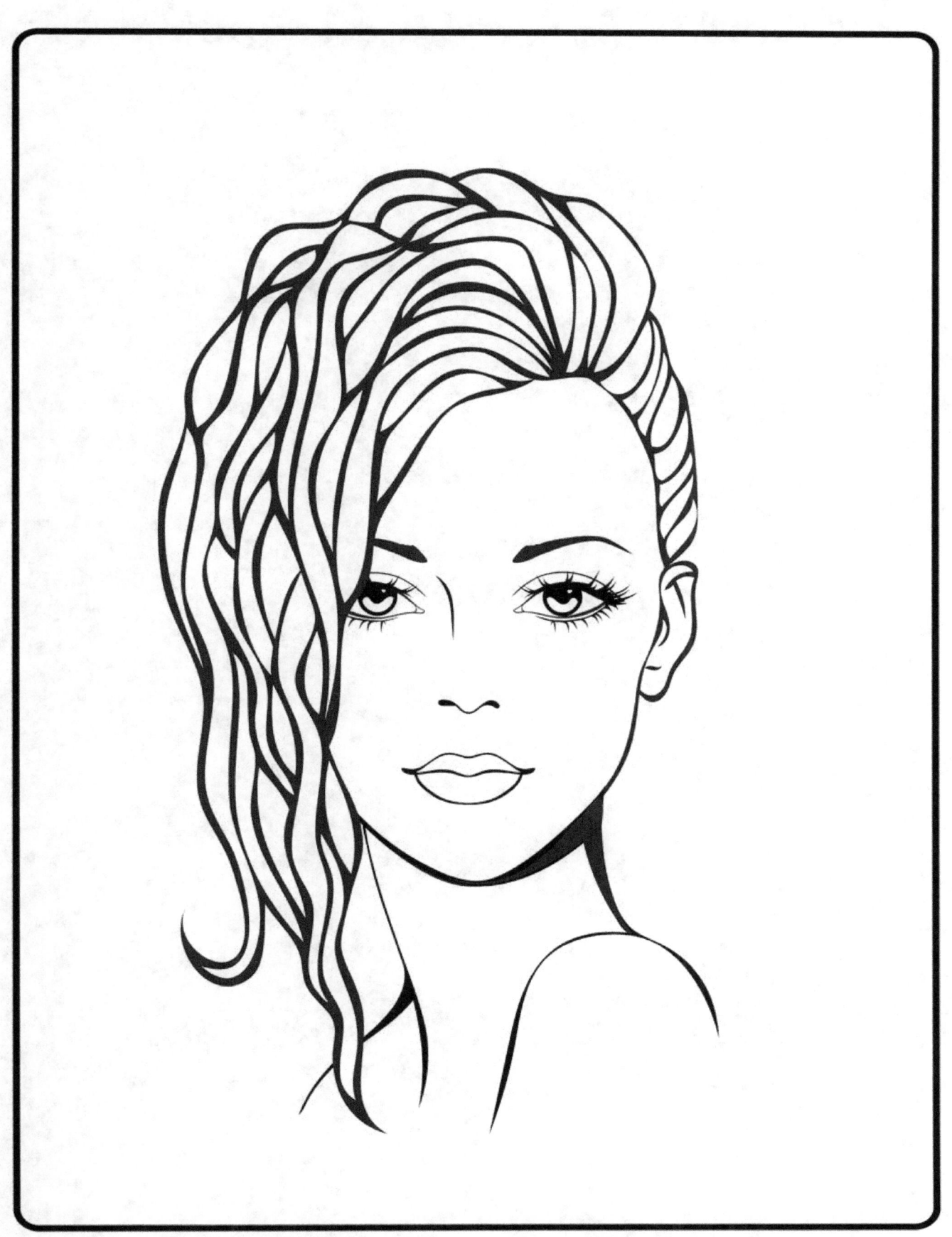

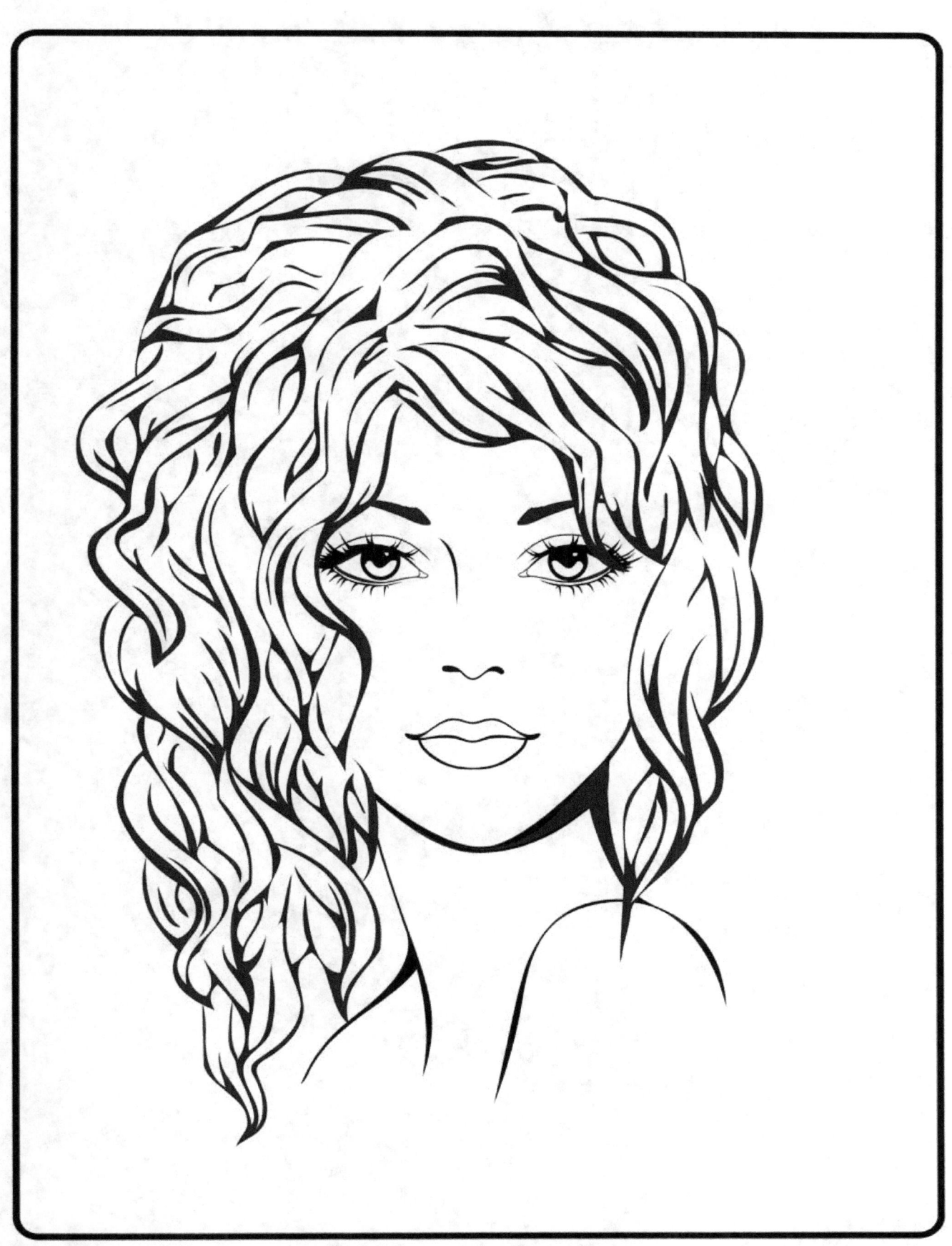

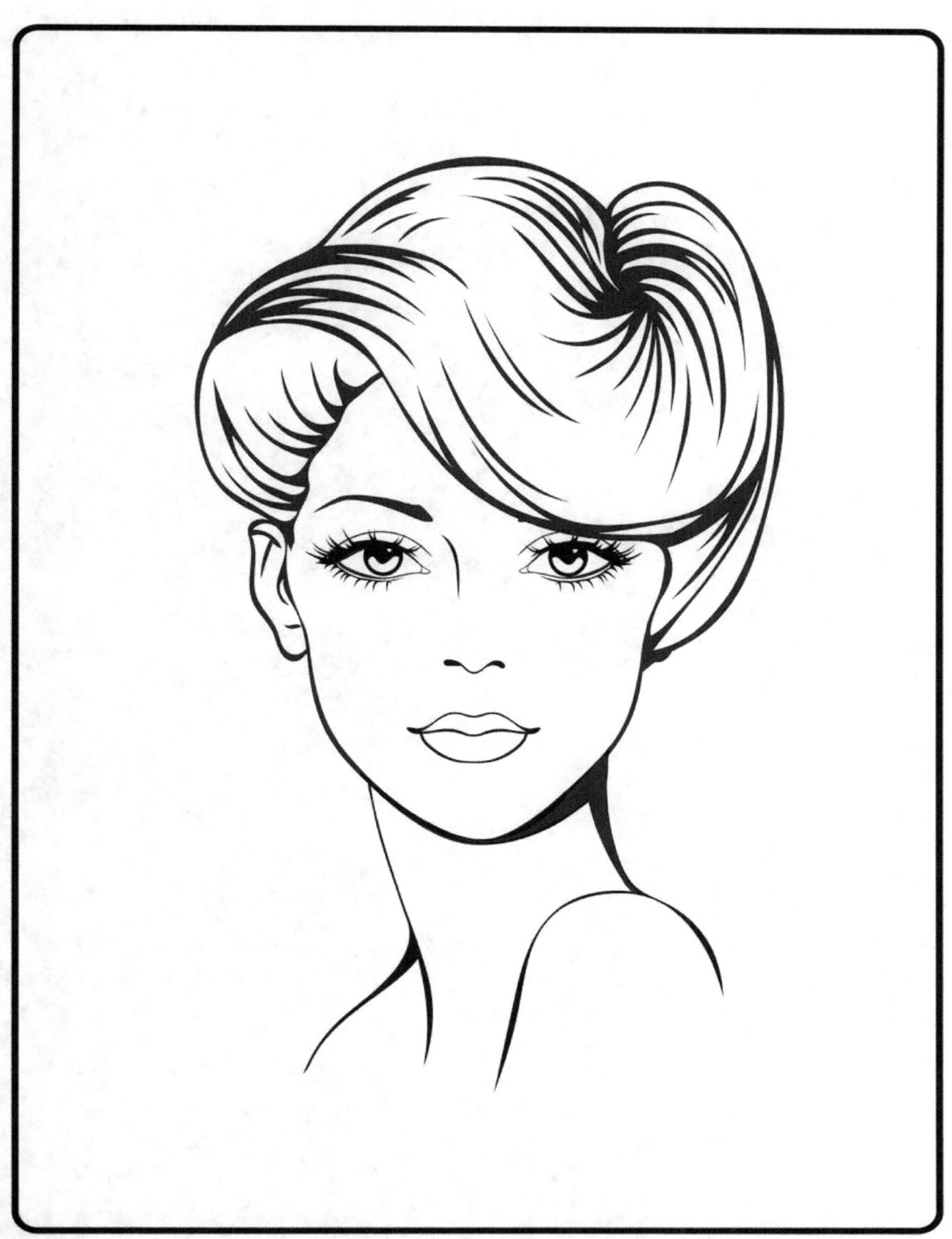

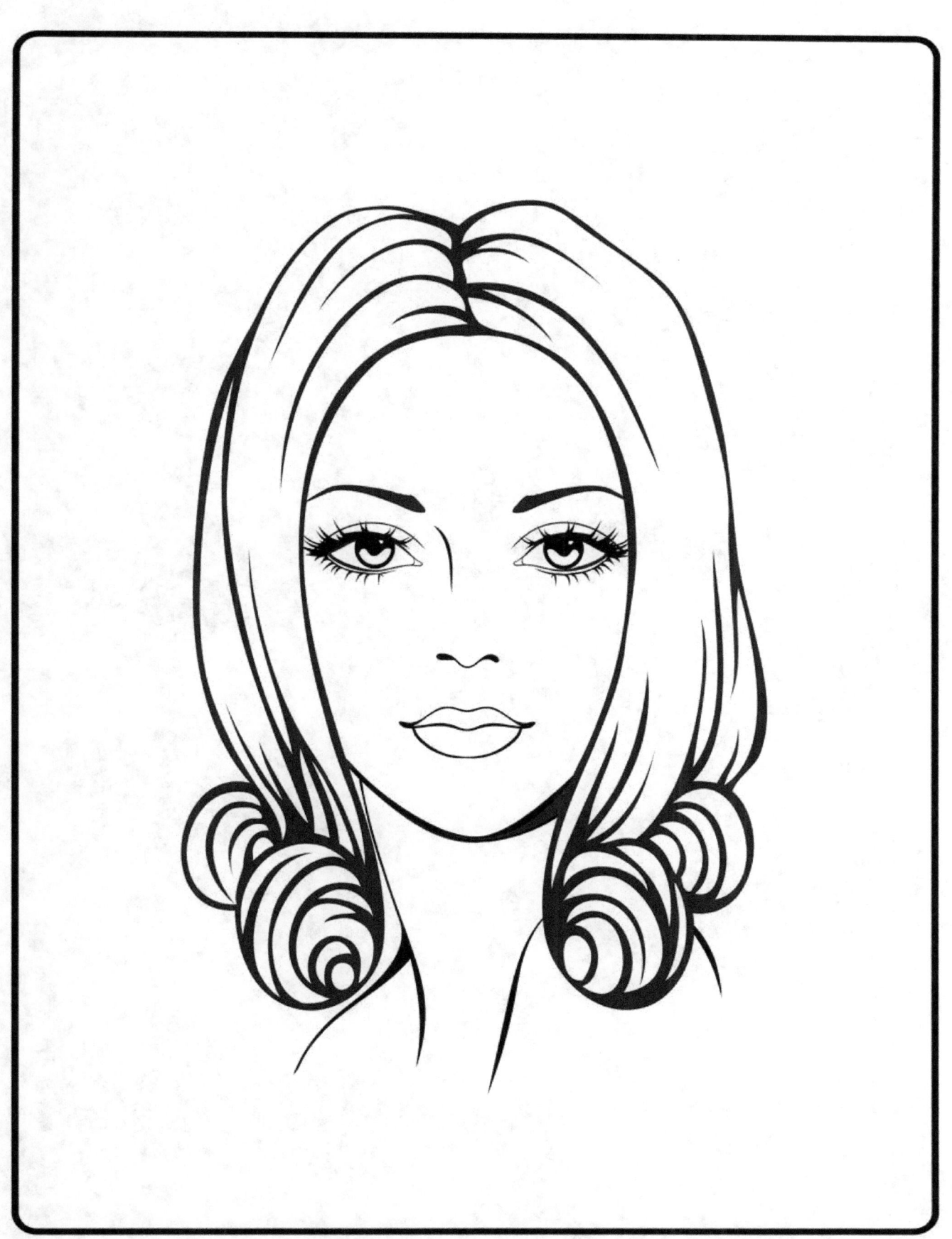

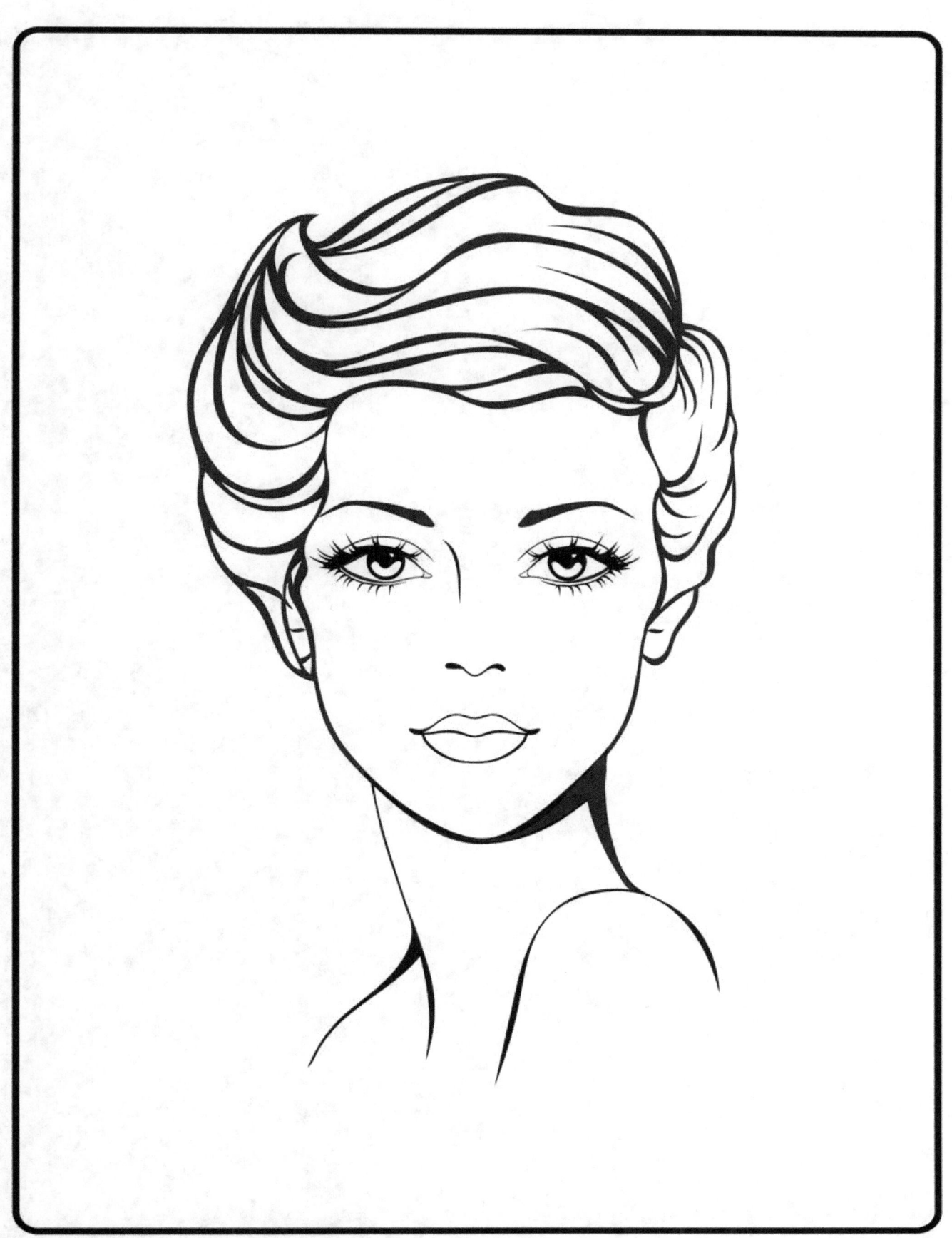

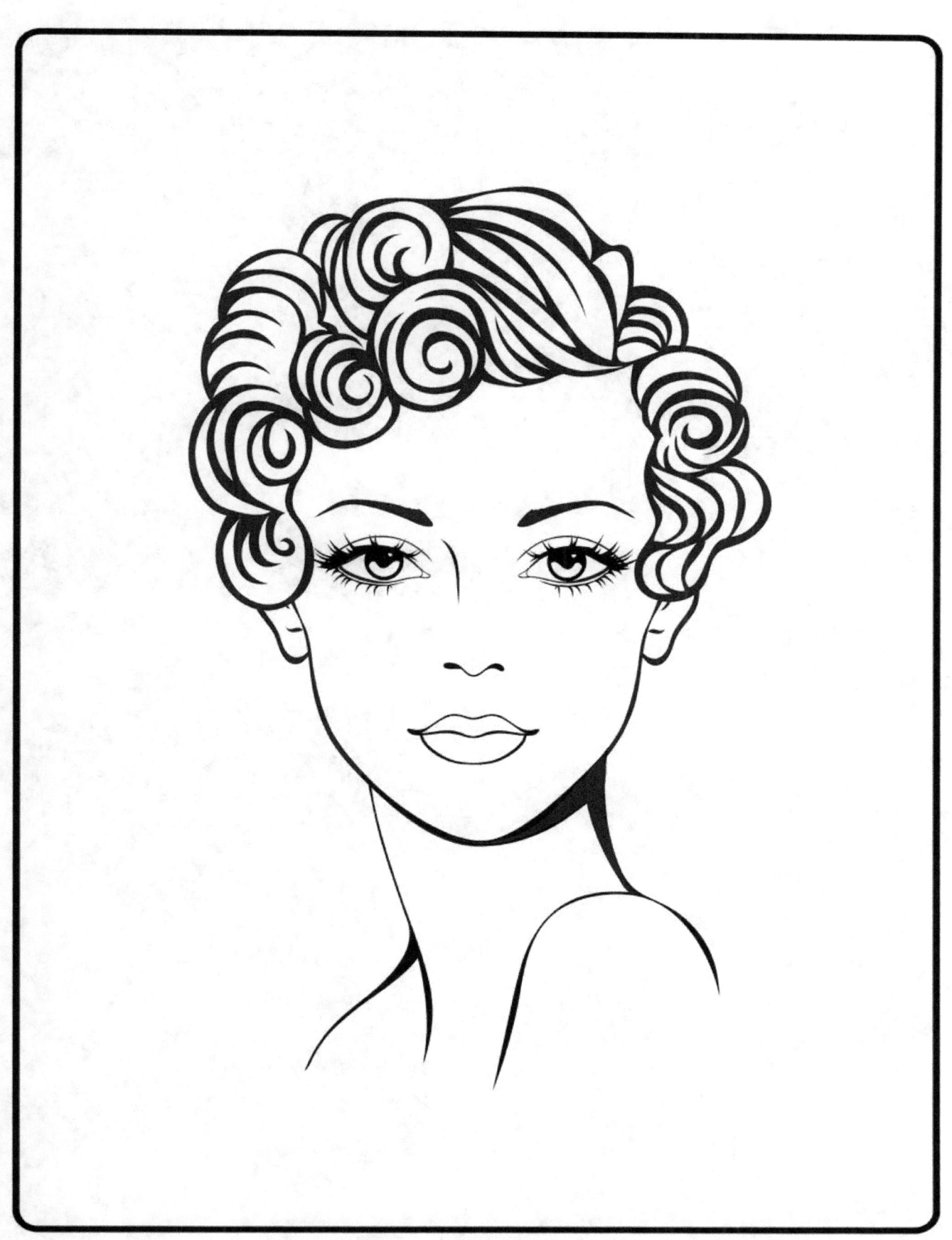

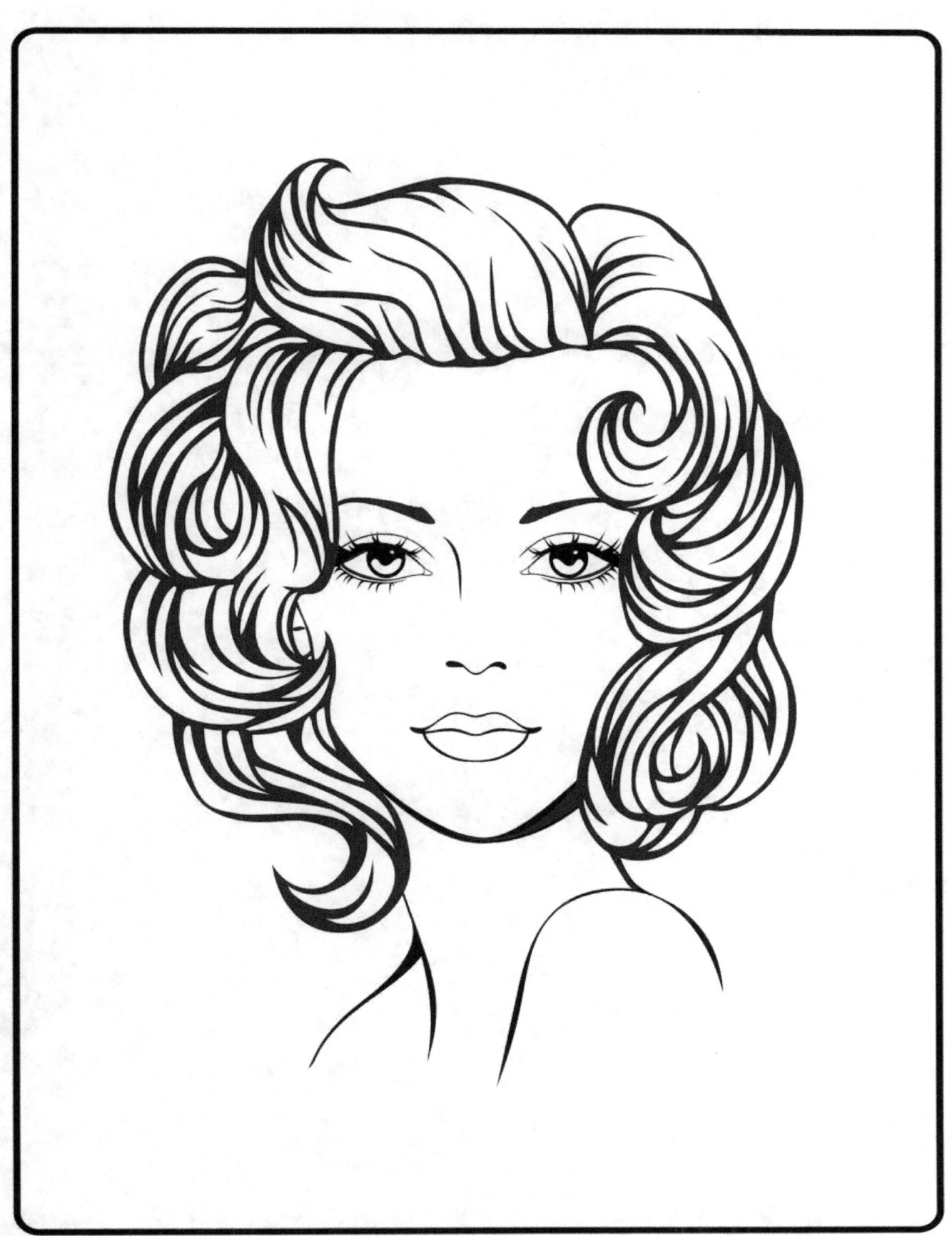

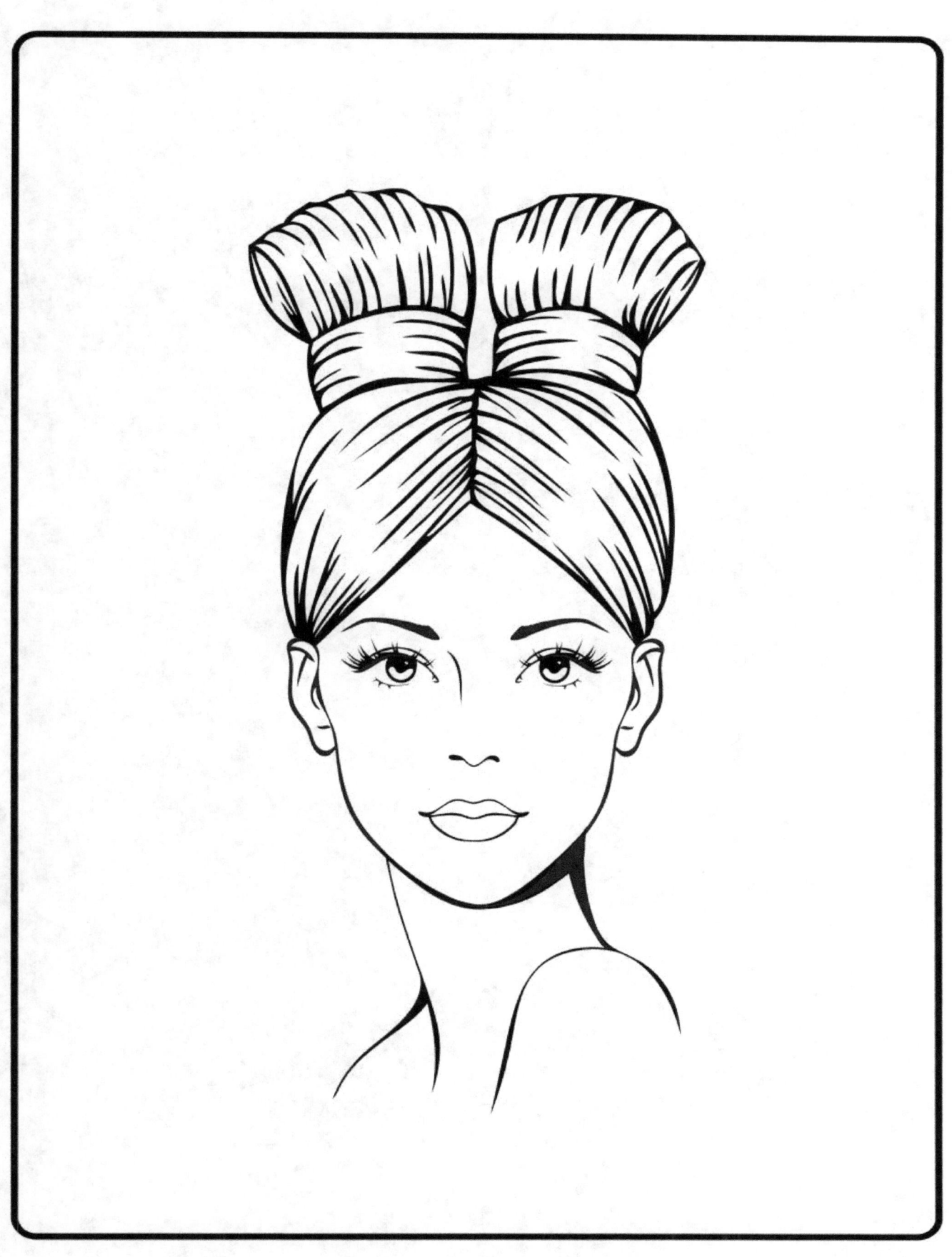

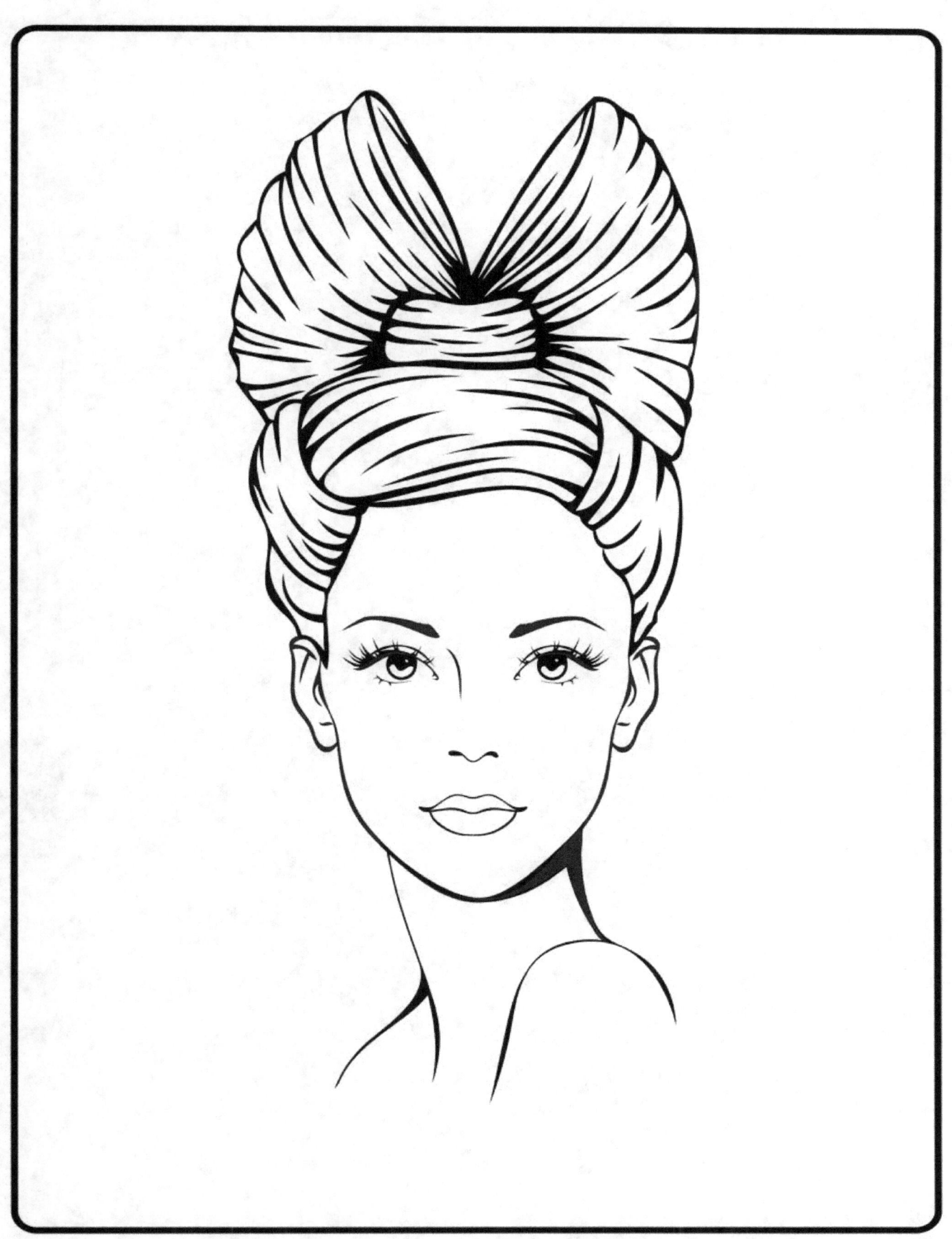

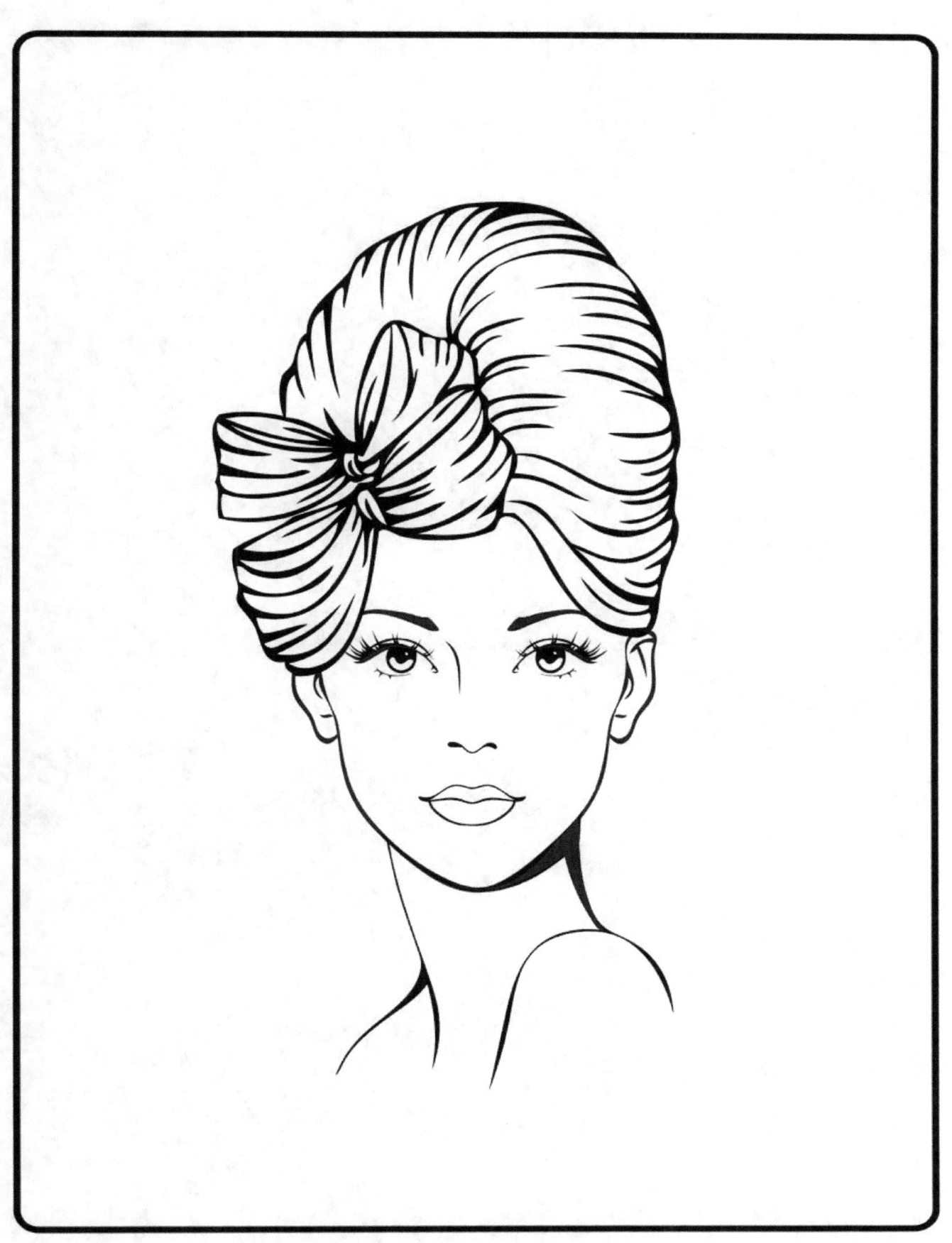

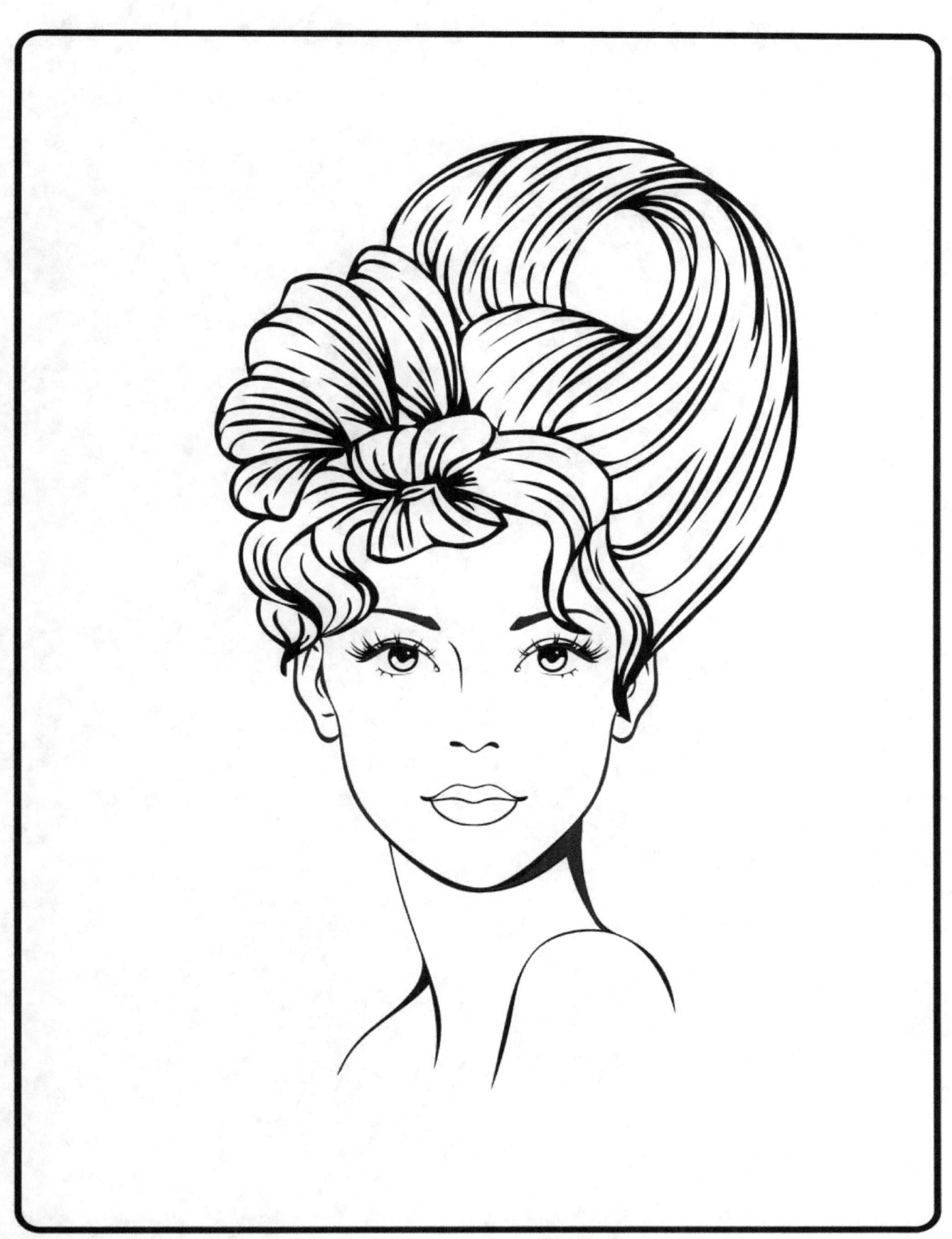

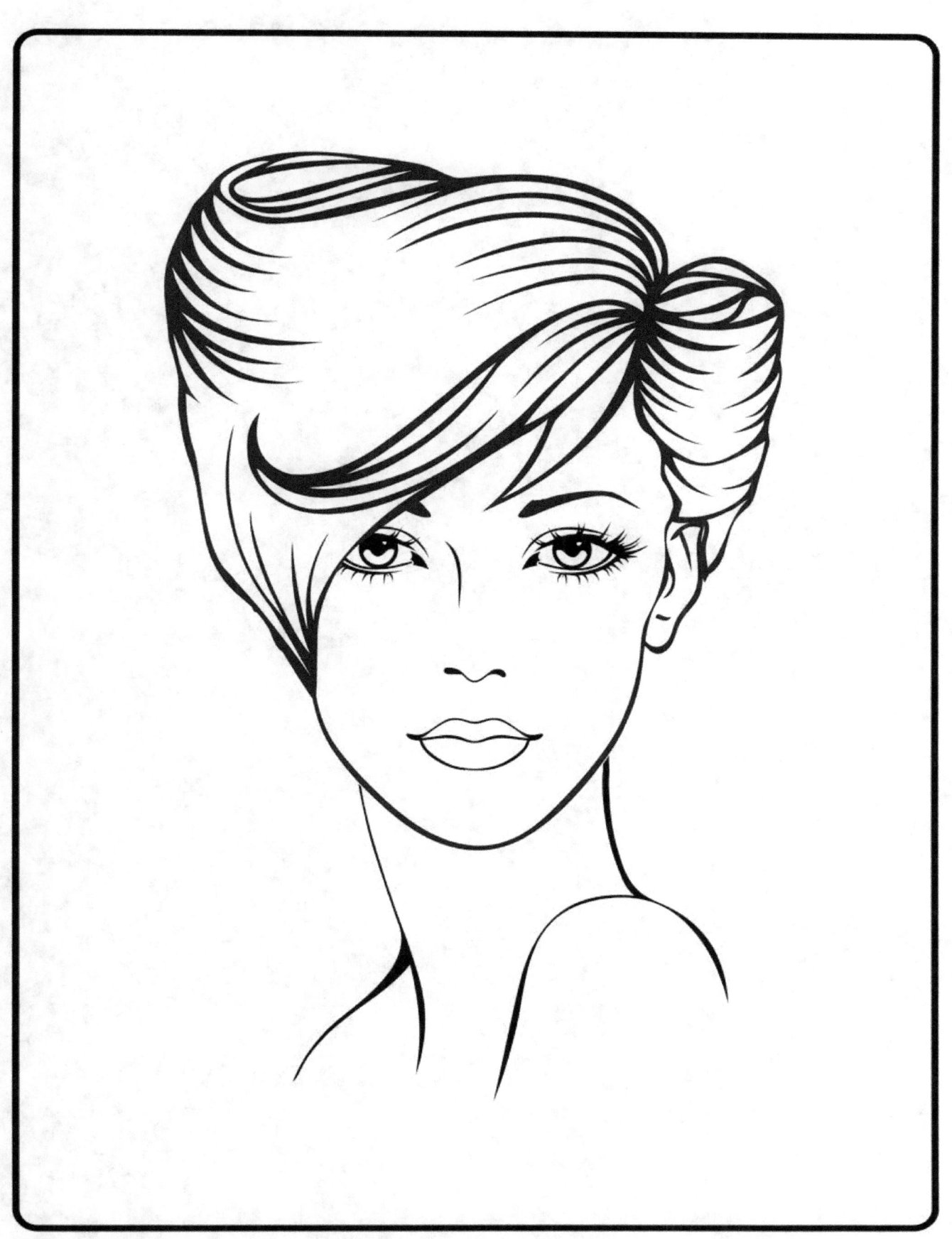

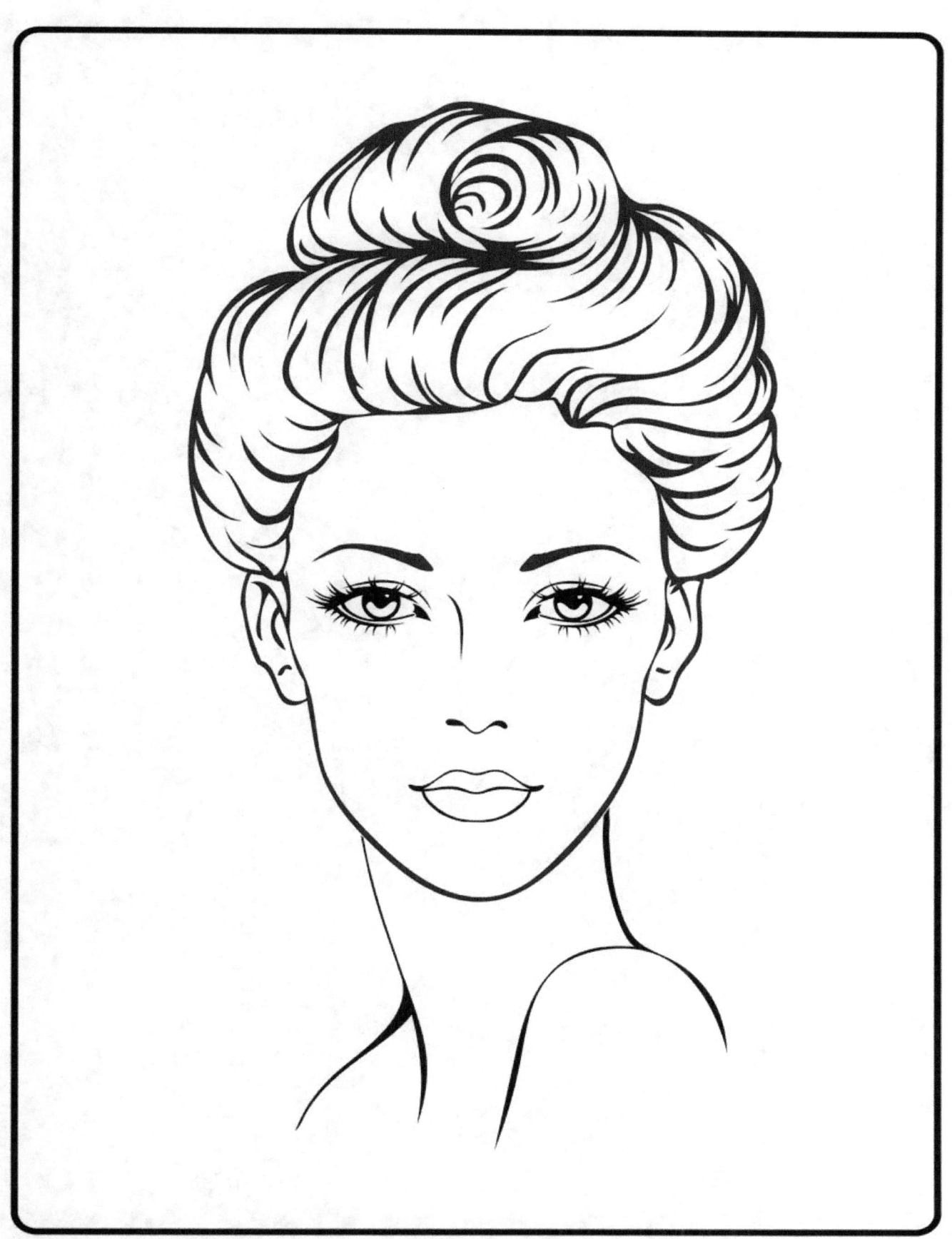

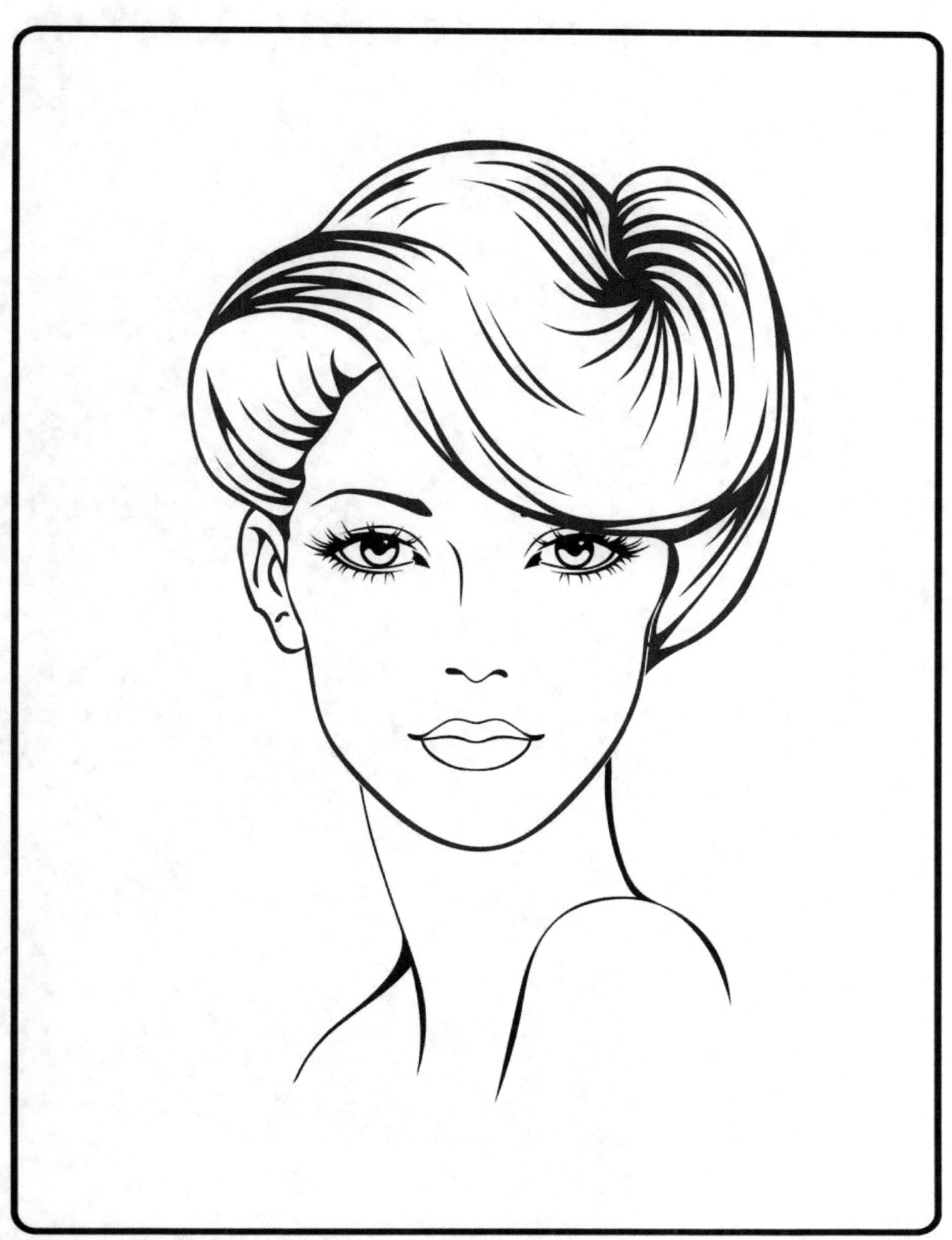

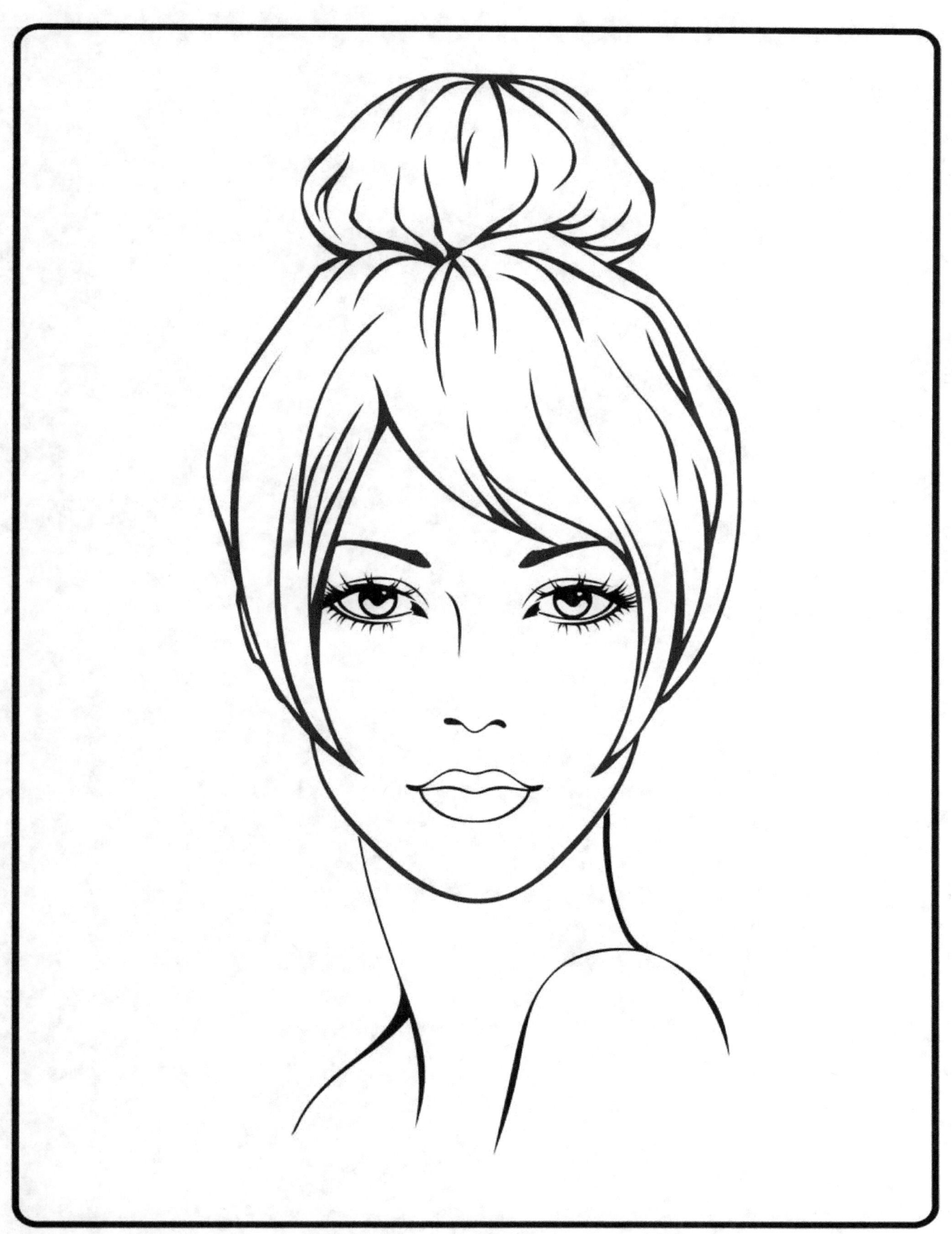

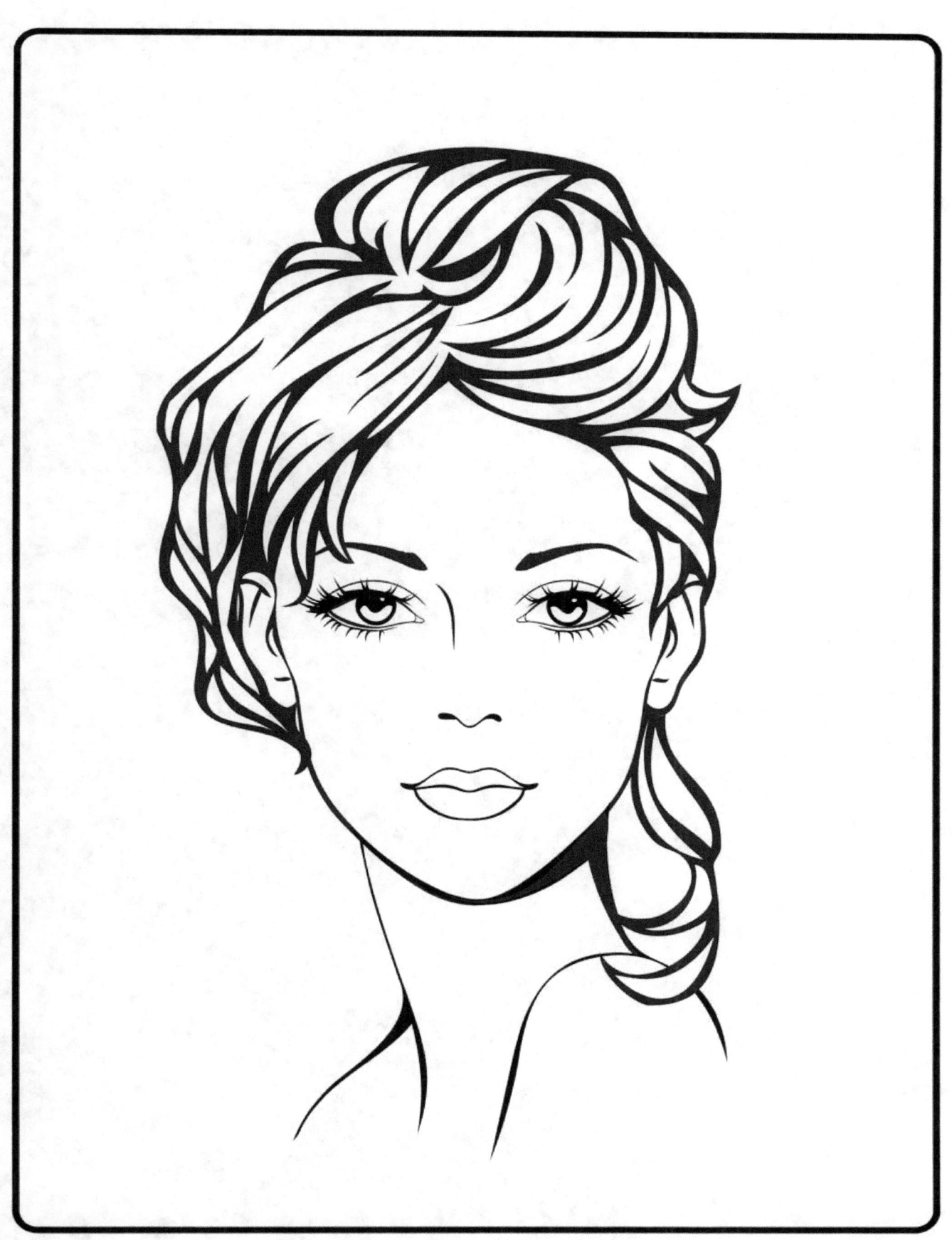

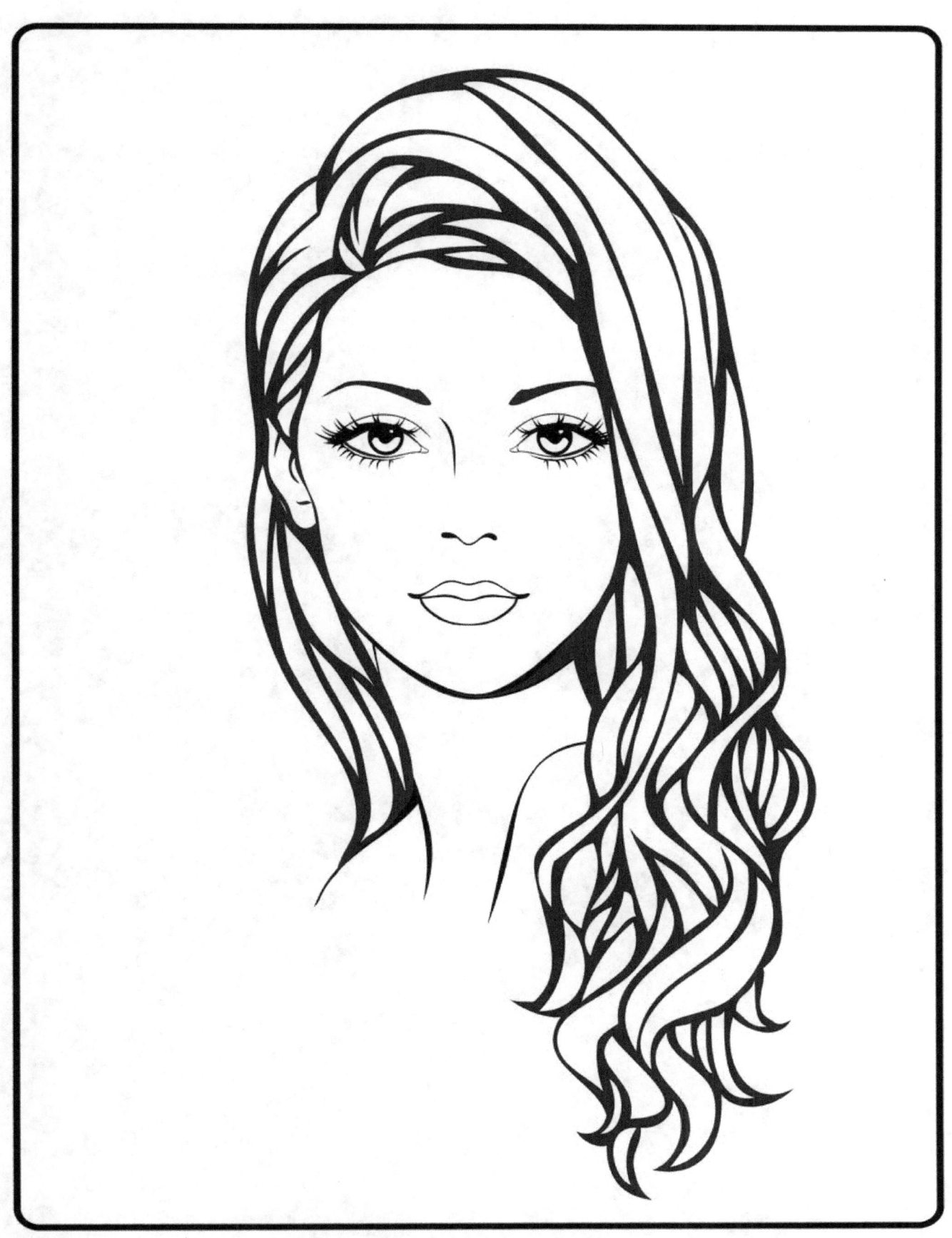

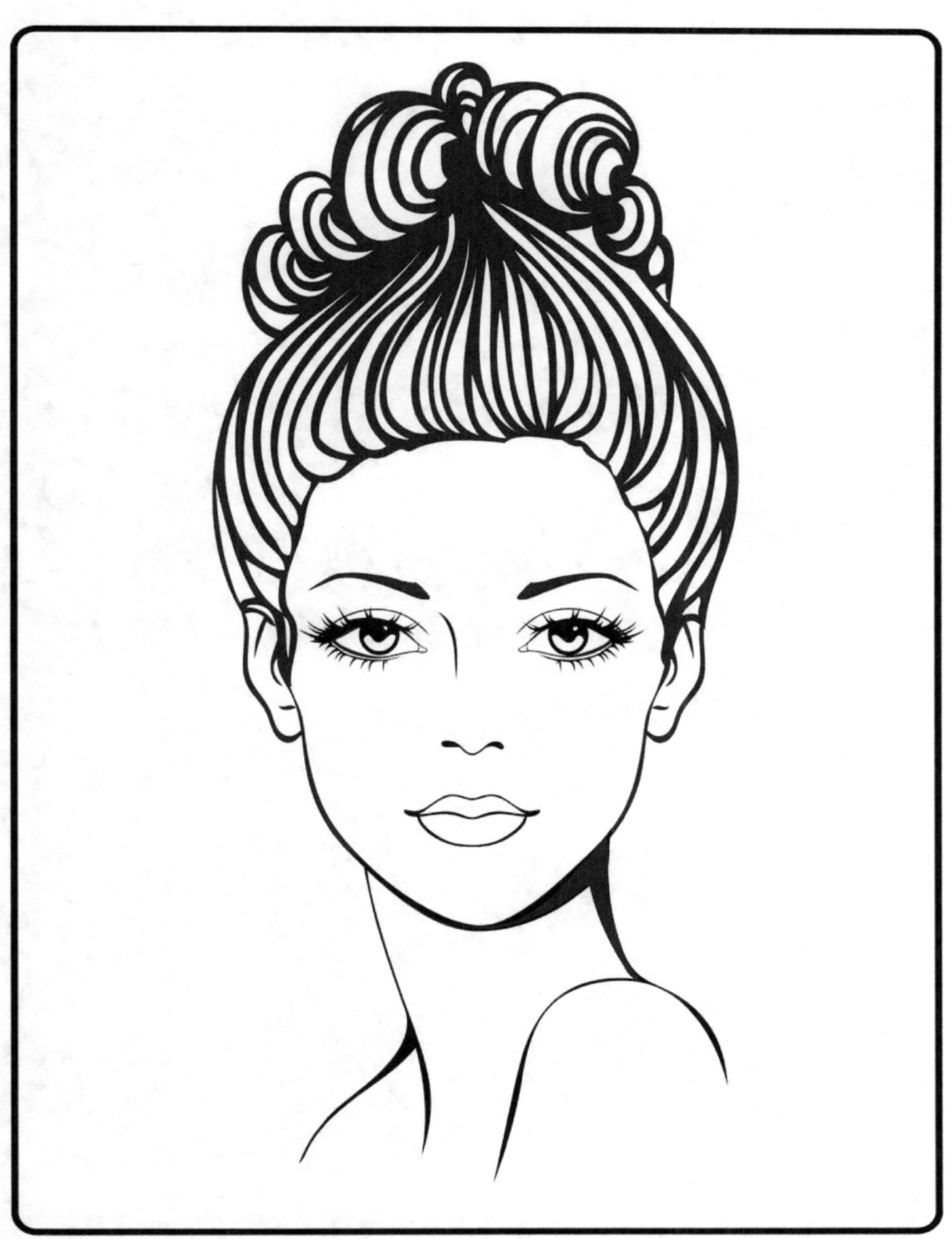

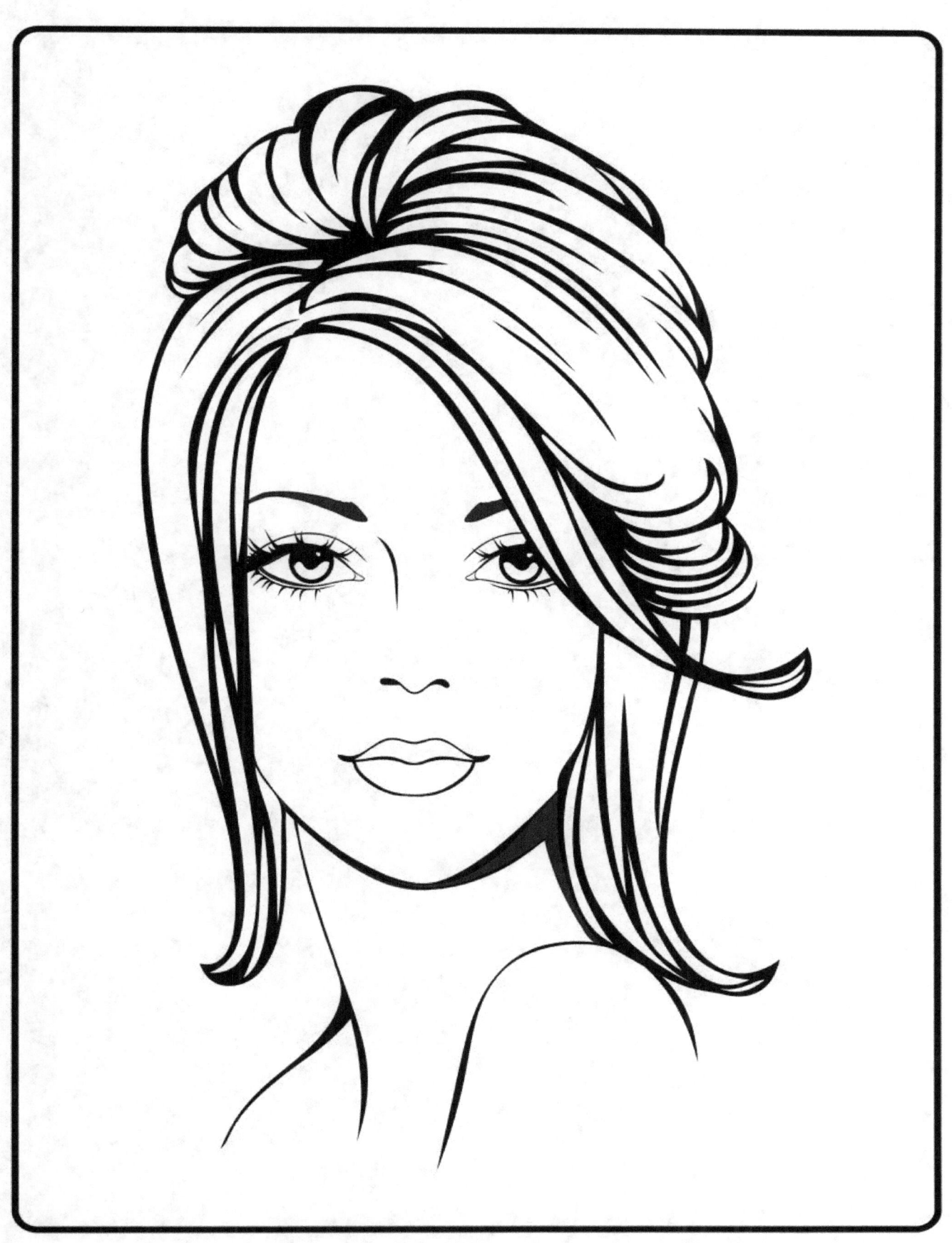

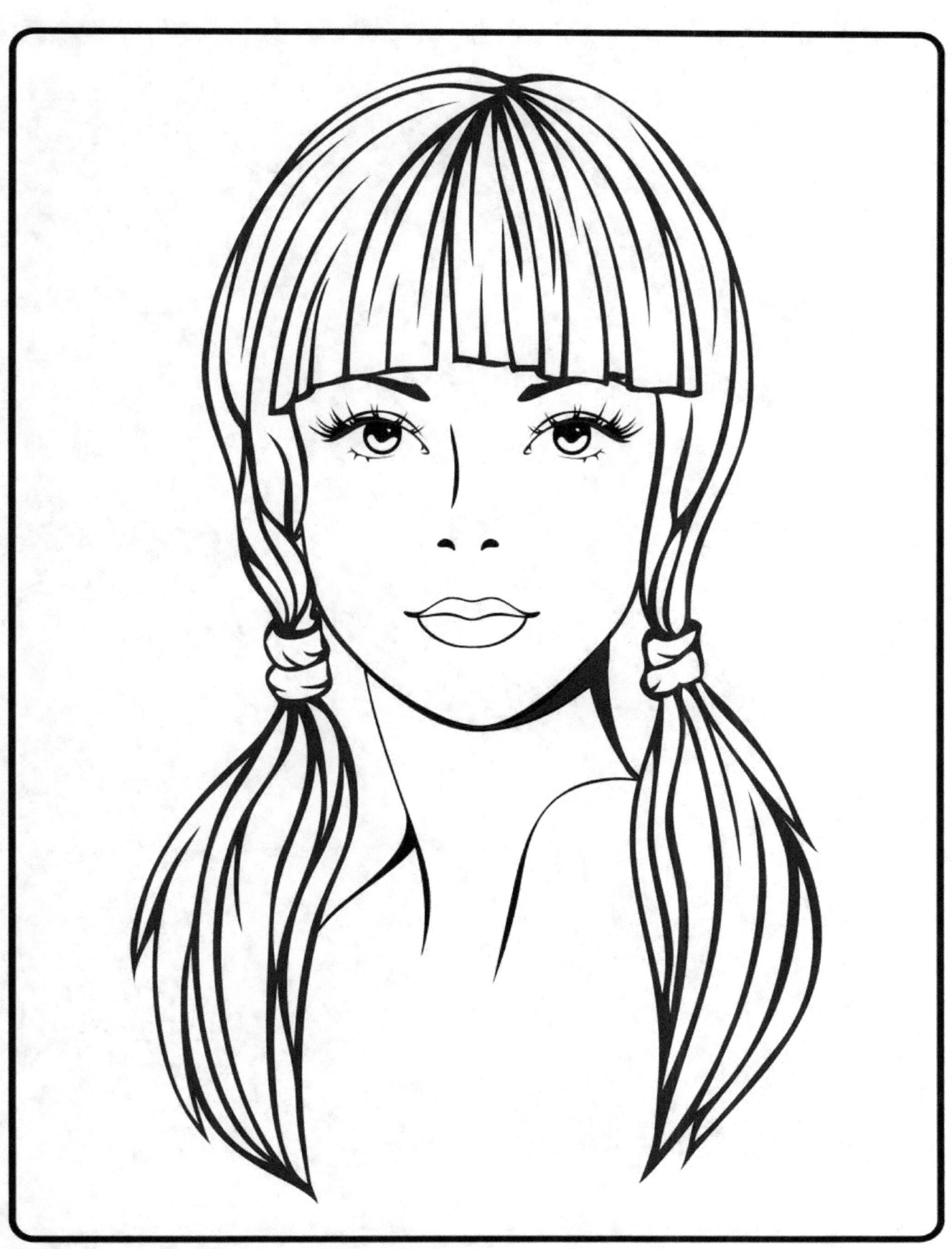

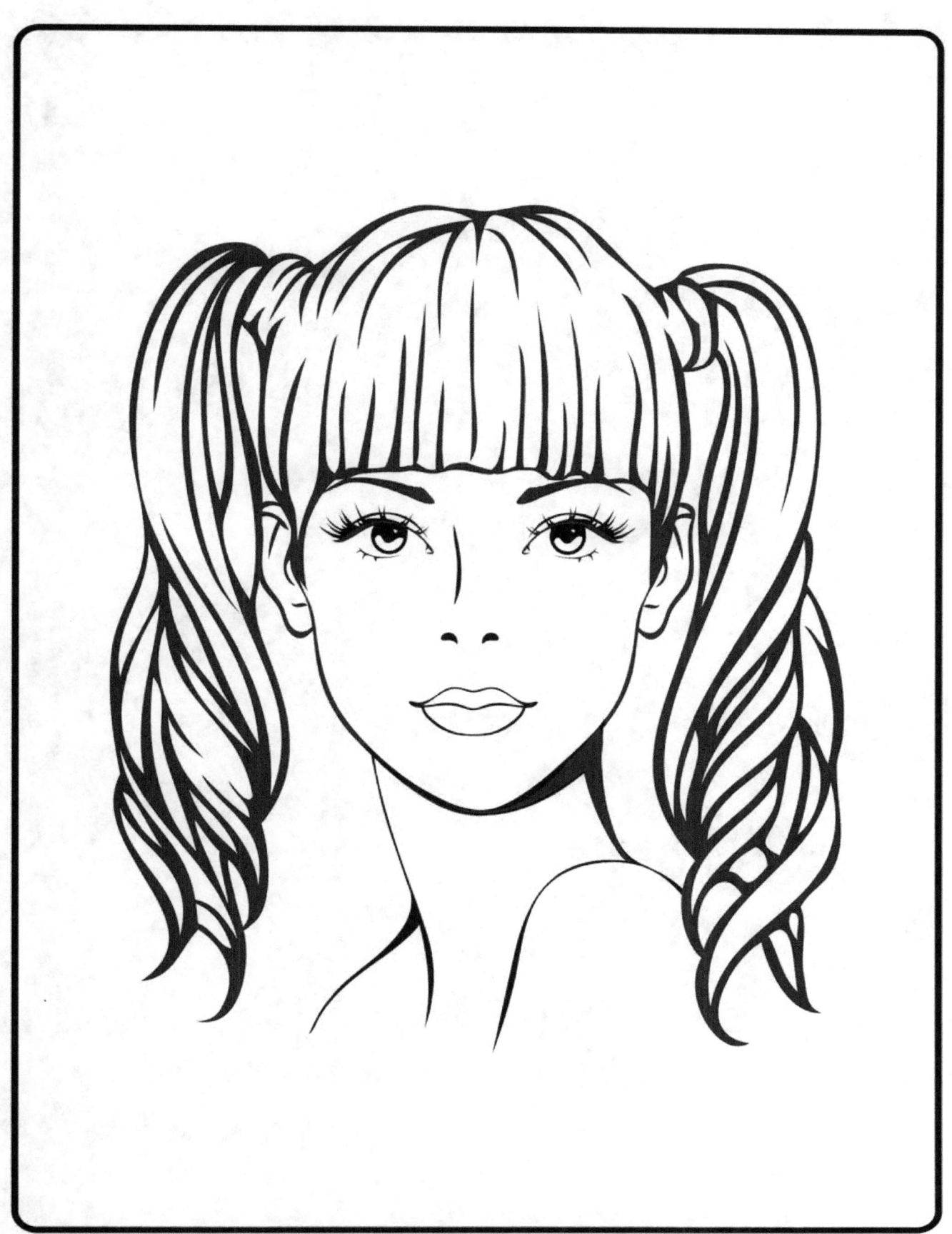

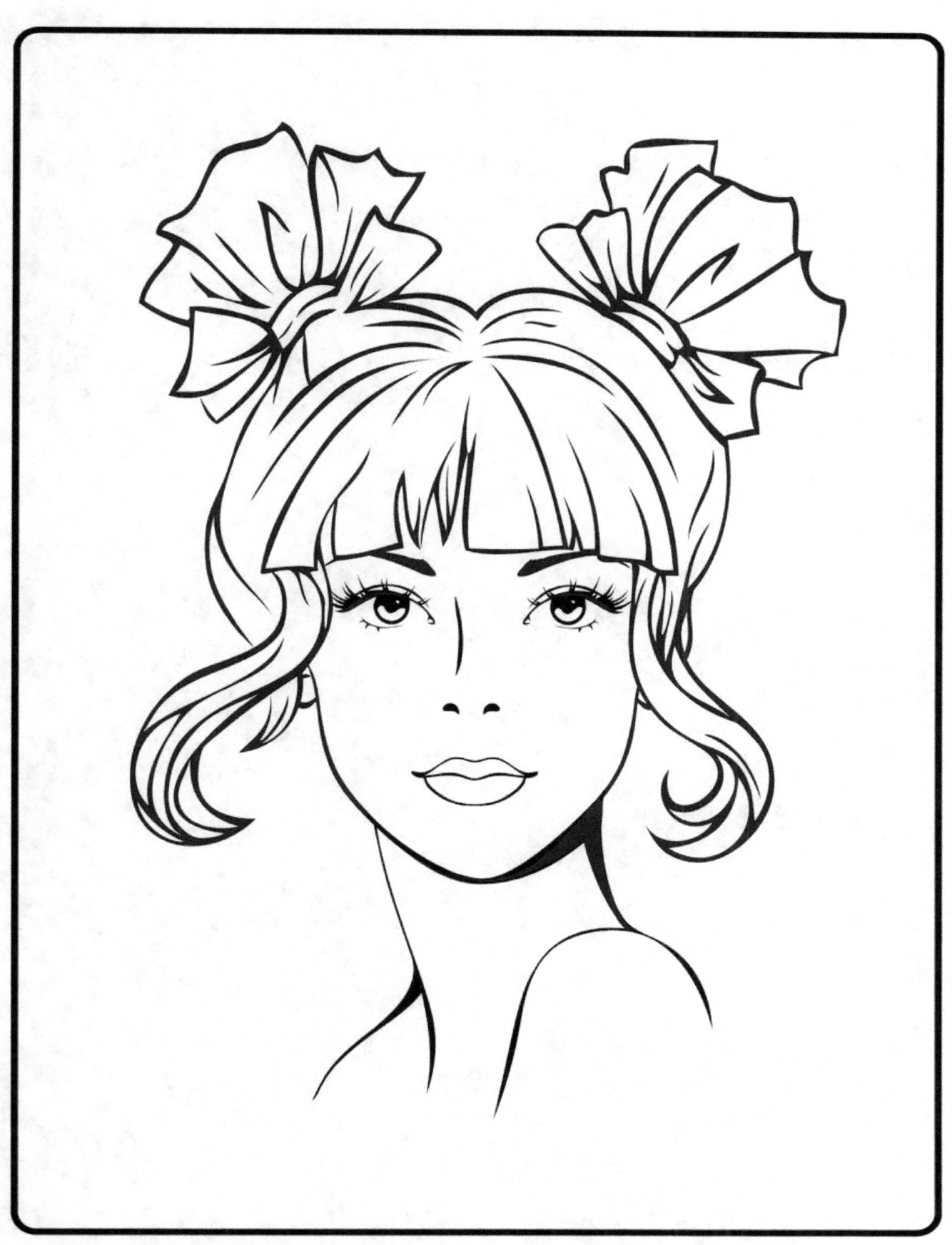

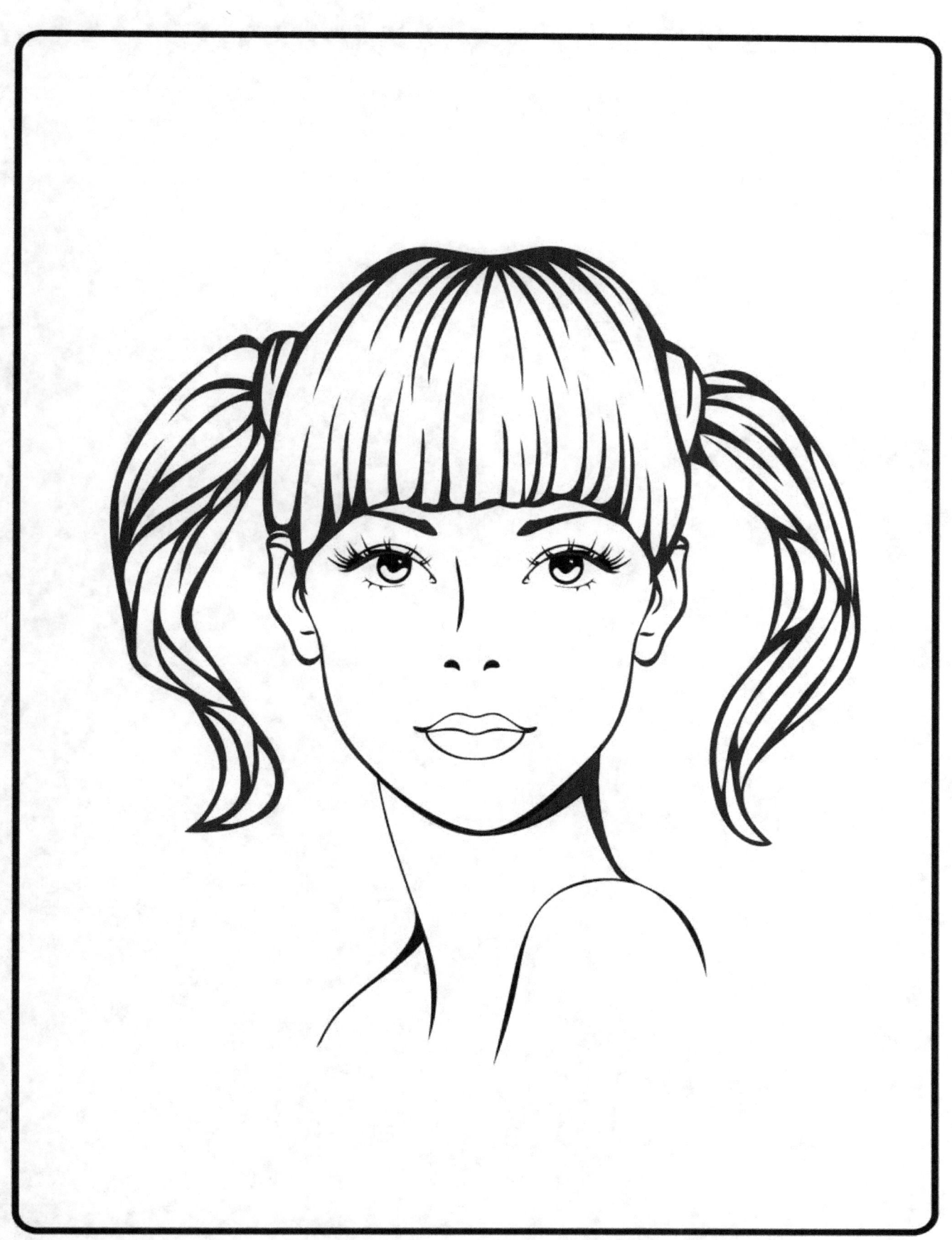

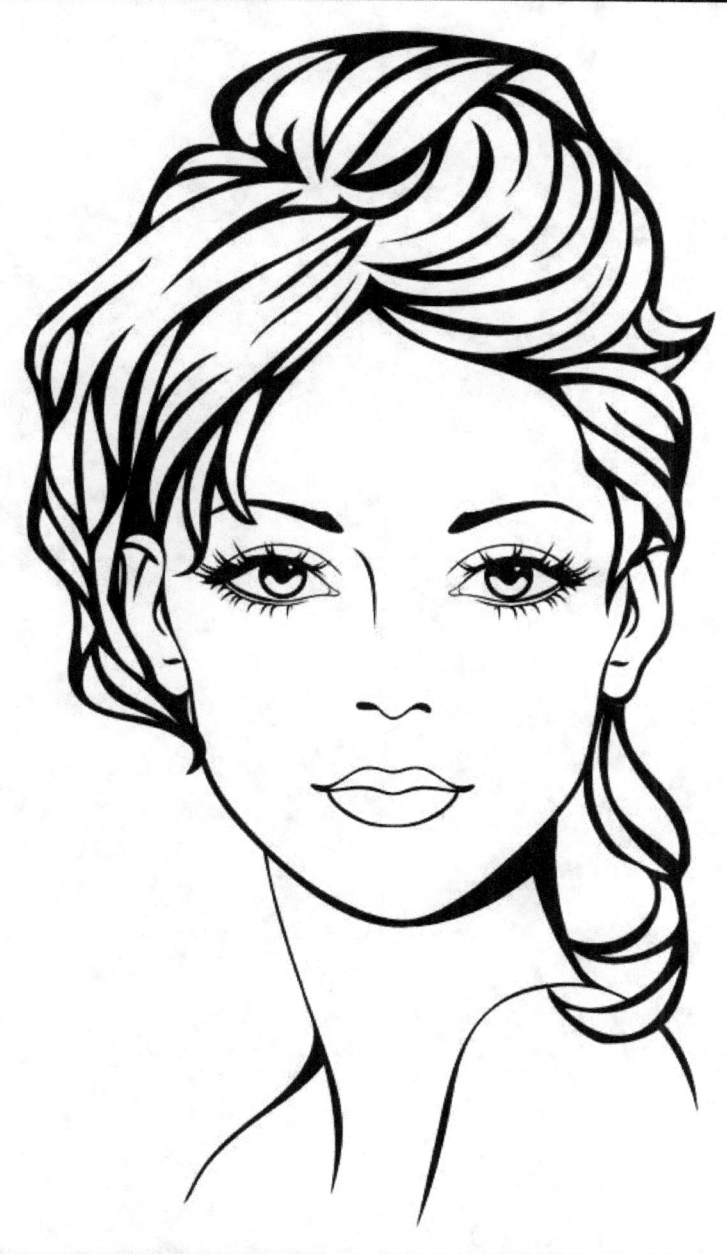

Merci d'avoir acheté ce livre

Si vous aimez le livre,
pensez à laisser un commentaire,
cela aidera l'auteur
à créer de meilleurs livres à l'avenir.

www.amazon.fr/Katrin-Stark